Etapas

Libro del profesor

Etapa 10
Tareas

Nivel

B2.1

Edi numen

© Editorial Edinumen, 2011.
© **Autoras:** Anabel de Dios Martín, Sonia Eusebio Hermira y
Berta Sarralde Vizuete.

ISBN: 978-84-9848-354-3
Dep. Legal: M-23933-2011

Coordinación editorial:
Mar Menéndez

Diseño de cubierta:
Carlos Casado

Maquetación:
Carlos Casado

Ilustraciones:
Carlos Casado y Carlos Yllana

Fotografías:
Archivo Edinumen

Impresión:
Gráficas Glodami. Coslada (Madrid)

Editorial Edinumen
José Celestino Mutis, 4.
28028 Madrid
Teléfono: 91 308 51 42
Fax: 91 319 93 09
e-mail: edinumen@edinumen.es
www.edinumen.es

ELEteca
un espacio en constante actualización

Con **EXTENSIÓN DIGITAL**

Extensión digital de **Etapa 10**: consulta nuestra **ELEteca**,
en la que puedes encontrar, con descarga gratuita,
materiales que complementan este curso.

La Extensión digital para el **profesor** contiene los siguientes materiales:

☐ Libro digital del profesor: introducción, guía del profesor, claves,
   fichas fotocopiables, transparencias...

☐ Fichas de cultura hispanoamericana

☐ Resumen lingüístico-gramatical

Recursos del profesor:

Código de acceso

98483543

www.edinumen.es/eleteca

La Extensión digital para el **alumno** contiene los siguientes materiales:

■ Prácticas interactivas

■ Claves y transcripciones del libro de ejercicios

■ Resumen lingüístico-gramatical

Recursos del alumno:

Código de acceso

98483499

www.edinumen.es/eleteca

Introducción a Etapas

Etapas es un curso de español cuya característica principal es su **distribución modular** y **flexible**. Basándose en un enfoque orientado a la acción, las unidades didácticas se organizan en torno a un objetivo o tema que dota de contexto a las tareas que en cada una de ellas se proponen.

Características:

■ **14 módulos** de **30 horas** correspondientes a los niveles A1, A2, B1 y B2 según las orientaciones del *Marco común europeo de referencia para las lenguas* (MCER) y su concreción en el nuevo *Plan curricular del Instituto Cervantes. Niveles de referencia* (PCIC).

■ Cada módulo presenta la opción de acortarse, si se prescinde de las actividades opcionales que se incluyen, o ampliarse, si se aprovecha el material extra, y ajustarse así a las necesidades particulares de cada grupo.

Se ofrece en los siguientes **itinerarios**:

■ Dos itinerarios estándar: **Etapas** y **Etapas Plus**, diseñado cada uno de ellos según una organización de contenidos y estructura específica.

■ **Mis Etapas a medida:** los módulos se pueden adaptar a las distintas necesidades y contextos de aprendizaje combinándolos para obtener los manuales más adecuados a cada centro.

Más información: comercial@edinumen.es y www.edinumen.es/misetapasamedida

I. Estructura y organización de contenidos

Los contenidos de **Etapas** se materializan en módulos que siguen una secuencia estructurada, dosificada y adecuada al tiempo recomendado para su aprendizaje y asimilación.

Cada nivel de **Etapas** aporta al docente:

■ unos contenidos y actividades fundamentales para trabajar en el aula, estructurados en bloques de 20 horas.

■ unos contenidos y actividades con otras 20 horas extras de materiales:

   – **Actividades extras** incorporadas en el **Libro del profesor**.

   – Actividades de la extensión digital en www.edinumen.es/eleteca cuyo código de acceso figura en el **Libro del alumno** correspondiente.

   – Actividades del **Libro de ejercicios**.

El profesor podrá decidir si desea trabajar con ellos a modo de refuerzo y complemento, o bien obviarlos en función del ritmo y necesidades de su grupo.

2. Las unidades didácticas, las tareas y las actividades

Las unidades de cada **Etapas** están organizadas en torno a un tema u objetivo final, que dota de coherencia y contexto a cada una de las actividades que las conforman, pudiendo así ofrecer al alumno espacios que le permitan **aprender español para usarlo**. Se proponen, así, tareas de aula ficticias (aprender **para usar**), pero no se olvida que la clase es una situación real con unos participantes que tienen una finalidad y que, por tanto, justifica la realización de actividades para la práctica y sistematización de contenidos lingüísticos (**aprender** para usar).

En **Etapas** las unidades contemplan, pues, los siguientes tipos de actividades:

- **Tareas**: actividades que permiten a los alumnos utilizar la lengua para conseguir un fin o resultado. En palabras del MCER: "Las tareas de aula de carácter 'pedagógico' se basan en la naturaleza social e interactiva del aula y en su inmediatez. En estas circunstancias, los alumnos acceden a participar en situaciones ficticias…". (**Aprender para la acción**).

- **Actividades de lengua** a través de interacciones orales y escritas, comprensiones auditivas, comprensiones lectoras, expresiones orales y escritas, con las que se pretende que el alumno sea capaz de conseguir las destrezas que el MCER determina para cada nivel en cada una de ellas. (**Aprender para usar**).

- **Actividades de aprendizaje** con las que se presentan y practican contenidos lingüísticos. (**Aprender**).

- **Actividades de reflexión** sobre el aprendizaje. (**Aprender a aprender**).

- **Juegos o actividades lúdicas.** (**Aprender divirtiéndose**).

3. La metodología

Como hemos podido ver, **Etapas** se basa en un **enfoque orientado a la acción**. Tiene una concepción comunicativa de la lengua y la creencia de que el aprendizaje es constructivo y significativo, y que infiriendo, deduciendo y relacionando formas y significados, usando y haciendo cosas con la lengua es como se aprende. El método o forma de conseguirlo dependerá de los gustos y estilos de aprendizaje de los alumnos: **Etapas** no sigue una metodología rígida y única. En **Etapas, Libro del profesor** se ofrecen alternativas, sugerencias y distintos itinerarios en las actividades, porque creemos que siempre es el profesor quien decide según las necesidades de sus alumnos. El **Libro de ejercicios** será utilizado por el alumno como apoyo a los contenidos de la unidad.

4. Los componentes

Cada nivel de **Etapas** se compone de:

- **Libro del alumno, Libro de ejercicios** en un volumen con **CD** de audiciones.

- En el **Libro del profesor** se incluyen, además de las sugerencias y explicaciones didácticas de las secuencias del **Libro del alumno**, las claves y transcripciones del **Libro del alumno** y del **Libro de ejercicios** y las fichas y material para transparencias que sirven al profesor para complementar y apoyar las explicaciones y actividades del **Libro del alumno**. El libro del profesor se encuentra también en formato electrónico con descarga gratuita en www.edinumen.es/eleteca.

- Los estudiantes pueden consultar las soluciones y transcripciones del **Libro de ejercicios** así como material complementario en la página web de Editorial Edinumen (www.edinumen.es/eleteca), de forma que este puede ser utilizado de forma independiente y autónoma, si los alumnos así lo desean.

Etapa 10: Tareas

Unidad I

Y tú, ¿cómo aprendes?

El contenido temático de esta unidad es el aprendizaje de lenguas. Para ello se propone a los alumnos, como tarea, escribir su *biografía lingüística*, documento que les sirve para reflexionar y hacerles conscientes de sus actitudes, motivaciones, experiencias y planes de aprendizaje y redactar un texto en el que describan sus capacidades y nivel de dominio.

La **biografía lingüística** es uno de los documentos que forman parte del Portafolio Europeo de las Lenguas.

En la Etapa 5 se presentó por primera vez a los alumnos el Portafolio Europeo de las Lenguas (PEL) y se les ayudó a diseñar su Pasaporte de Lenguas. En la Etapa 9 se retomó y se les animó a que completaran su dosier.

Resumimos qué es el PEL y los documentos que lo conforman:

Portafolio Europeo de las Lenguas: documento personal promovido por el Consejo de Europa en el que los estudiantes de lenguas pueden registrar sus experiencias de aprendizaje y reflexionar sobre ellas.

El Portafolio consta de tres partes:

Pasaporte de lenguas: mediante el Cuadro de Autoevaluación, que describe las competencias por destrezas (hablar, leer, escuchar, escribir), el titular puede reflexionar y autoevaluarse. También contiene información sobre diplomas obtenidos, cursos a los que ha asistido así como contactos relacionados con otras lenguas y culturas.

Biografía lingüística.

Dosier: contiene ejemplos de trabajos personales para ilustrar las capacidades y conocimientos lingüísticos (certificados, diplomas, trabajos escritos, proyectos, grabaciones en audio, vídeo, presentaciones, etc.).

I Conocerse

Para comenzar la unidad proponemos un epígrafe en el que al mismo tiempo que sus alumnos se conocen, se revisan los usos más importantes del subjuntivo vistos en el nivel B1.

I.I. Actividad de presentación que recomendamos que realice incluso si ya conoce a sus estudiantes. En este caso, puede presentar la actividad como una profundización en el conocimiento de los miembros de la clase. En primer lugar, represente mediante un dibujo cinco o seis cosas relacionadas con su vida. Pida a los alumnos que hagan preguntas para adivinar la información que se oculta tras las imágenes. Puede, por ejemplo, realizar dibujos relacionados con comidas, animales, ocio, monumentos de una ciudad importante para usted, etc.

I.I.I. En este segundo paso, indique a sus estudiantes que deben hacer lo mismo que ha hecho usted: representar con dibujos información importante de su vida. A continuación, divida la clase en parejas para que adivinen lo que su compañero quiere transmitir.

1.1.2. Para terminar, haga una puesta en común. Vaya nombrando a sus alumnos de manera salteada y pídales que digan los dos datos de su compañero que le han parecido más interesantes. Adviértales que más adelante tendrán que elaborar un documento con las características generales de la clase, por tanto, anímelos a escucharse para buscar cosas en común entre los miembros de la clase y a que tomen notas si lo consideran necesario.

1.2. En esta secuencia de actividades los alumnos continúan conociéndose y terminan sistematizando los usos del subjuntivo estudiados hasta el momento. Pregúnteles si conocen a los personajes cuyas imágenes aparecen en su libro. Deje que sean ellos quienes den toda la información posible. Si no conocen el nombre que tienen en español, dígaselo y escríbalo en la pizarra. Déjeles unos minutos para que piensen si tienen algo en común con alguno de estos personajes. Seguidamente, póngalos en parejas para que lo comenten.

Lisa Simpson es un personaje de ficción perteneciente a la serie americana de dibujos animados *Los Simpson*. Es la hija mediana de la familia. Representa los valores morales de la sociedad. Es una niña superdotada y, a pesar de su corta edad, es la que más conocimientos intelectuales tiene en su familia.

Garfield es el gato protagonista de una tira cómica creada por el dibujante estadounidense Jim Davis. Este personaje nació en la cocina de un restaurante italiano y quizá por eso siempre está pensando en devorar una lasaña. Es perezoso y odia los lunes. Le encanta perseguir al cartero.

Bob Esponja es el protagonista de una serie estadounidense de dibujos animados destinada a niños, producida por el canal Nickelodeon, de ahí el nombre que reciben sus caricaturas como Bob: *nicktoons*. El escenario de la serie es la ciudad submarina Fondo de Bikini donde Bob trabaja de cocinero en un restaurante. Es un personaje adorable.

Pedro Picapiedra es un personaje de la serie de dibujos animados que se hizo popular en los sesenta y setenta llamada *Los Picapiedra*. Refleja la vida cotidiana de dos familias amigas en la Edad de Piedra. Es un personaje sencillo, del pueblo, con defectos y virtudes.

Snoopy es un personaje de ficción creado en los años cincuenta. Pertenece a la tira cómica *Peanuts* de Charles M. Schulz. Es la mascota del niño Charlie Brown (Carlitos, en España). Al principio tenía características más propias de los animales, no hablaba y caminaba a cuatro patas. Con el tiempo se ha ido humanizando.

1.2.1. Actividad de comprensión lectora en la que se ofrecen muestras de lengua con diferentes usos del subjuntivo. Motive la realización del test diciendo que van a comprobar si realmente se parecen a alguno de los personajes anteriores. Pídales que lean las nueve preguntas y que elijan únicamente una opción para cada una. Preenseñe *juerguista* y *personal de servicio* (en una casa particular).

1.2.2. Pida a sus alumnos que sumen los puntos que han obtenido en el test siguiendo las indicaciones que aparecen en su libro. Fotocopie y recorte las tarjetas de la ficha 1 varias veces (el número de copias dependerá de cuántos estudiantes tenga). Pregúnteles su puntuación y dé a cada alumno la tarjeta que se corresponda con su puntuación.

 Ficha 1. *¿A qué personaje me parezco?*

1.2.3. Distribuya de nuevo la clase en parejas y pídales que compartan los resultados del test argumentando si están o no de acuerdo con ellos. Recuerde que el objetivo de esta actividad es seguir conociéndose, por tanto, es conveniente que cambie la composición de las parejas.

1.2.4. Puesta en común con todo el grupo. Tenga en cuenta el régimen preposicional del verbo *parecerse* (**a** *alguien* **en** *algo*). Recuérdeles que van a elaborar un documento con los rasgos generales de grupo y que, por lo tanto, es conveniente que tomen nota de aquellas cosas que ven que se repiten en varios miembros del grupo.

1.2.5. Dirija la atención de sus alumnos a las preguntas del test y pregúnteles qué piensan que tienen en común. Guíelos para que lleguen a la conclusión de que todos los bloques tienen alguna frase en subjuntivo. Muéstreles el cuadro incompleto que reúne los usos del subjuntivo y anímelos a completar los espacios en blanco observando las muestras de lengua recogidas en el test, así como a escribir un ejemplo de cada uso. Compruebe en sus libros que han llegado a las respuestas correctas y, si detecta algún problema, explíquelo en grupo clase. En el cuadro no están todos los exponentes que existen para cada función, así que podrá animar a sus alumnos a que recuerden alguno más.

1. deseos; **2.** indicativo; **3.** subjuntivo; **4.** gustos y sentimientos; **5.** da; **6.** pone; **7.** Cuando; **8.** Me da igual; **9.** infinitivo; **10.** subjuntivo; **11.** Me sorprende; **12.** Me extraña; **13.** Me cuesta creer; **14.** finalidad; **15.** infinitivo; **16.** subjuntivo; **17.** indicativo; **18.** *que* + subjuntivo; **19.** indicativo/subjuntivo; **20.** indicativo; **21.** subjuntivo.

Actividad extra. Práctica de lenguaje de los usos del subjuntivo. En caso de que viera que sus alumnos necesitan más práctica sobre el contenido recogido en el cuadro de 1.2.5., le sugerimos que realice la actividad de la ficha 2, que consiste en "subastar" las frases que se proponen. Contextualice preguntando si conocen lugares como *Christie's*, *Sotheby's* o *e-Bay*. Pregúnteles por la actividad de estos lugares y cuando hayan llegado al concepto de subasta, anímelos a que digan qué productos se pueden comprar en una subasta. Seguramente en esa lluvia de ideas saldrá el arte, adviértales que comprar arte siempre tiene un peligro: la falsificación. Infórmelos de que, como ellos son expertos en el subjuntivo, van a analizar unas frases para saber si son verdaderas o falsas. Divida la clase en tres grupos y explíqueles que deben decidir si las frases de la ficha 2 son correctas o incorrectas y por qué. Cuando hayan terminado, dígales que cada grupo tiene 500 € para gastar en la subasta y que deben nombrar un portavoz, que será quien puje por las frases. Empiece diciendo: "La frase n.º 1 tiene un precio de salida de 50 €, ¿quién la compra? ¿Alguien da más?" Los portavoces de cada grupo irán pujando hasta que se asigne la frase a un grupo por una cantidad de dinero. Una vez que se hayan comprado todas las frases, vaya pidiendo explicaciones sobre su "autenticidad" a sus compradores. Si la explicación sobre si la frase es correcta o incorrecta es válida, concédales un punto. Aproveche para clarificar posibles dudas sobre los usos del subjuntivo. Gana el grupo que más puntos logre acumular.

Ficha 2. *¿Quién da más por el subjuntivo?*

1. incorrecta (me pone); **2.** correcta; **3.** incorrecta (vigile); **4.** incorrecta (despierta); **5.** correcta; **6.** incorrecta (ir); **7.** correcta; **8.** correcta; **9.** incorrecta (sonría); **10.** correcta.

I.3. y **I.3.I.** Como tarea final del epígrafe se propone recoger en un documento los rasgos más generales del grupo. Pídales que pongan en común sus notas y que posteriormente recojan las características comunes en una cartulina. Antes de escribirlas, dígales que piensen en un título y pídales que lo rotulen. Pueden poner su cartel en el corcho del aula.

2 Aprender (mi actitud ante el aprendizaje)

Es este epígrafe se reflexiona con los estudiantes sobre la importancia de la actitud y motivación para el aprendizaje de una lengua. Se les muestra cómo redactar una biografía lingüística y se introduce el imperfecto de subjuntivo para expresar deseos y preferencias.

2.I. Introduzca la secuencia preguntando a los alumnos si saben lo que es una biografía lingüística. Deje que especulen, y motive el texto diciéndoles que para saberlo o comprobar sus hipótesis van a leer la biografía lingüística de Amy. Explíqueles que, para poder contestar a la pregunta (*¿Qué es una biografía lingüística?*), deben completar el texto con las frases que usted previamente ha colgado por las paredes de la clase.

Recorte las tarjetas de la ficha 3 y cuélguelas por la clase. Pida a los alumnos que se levanten, las lean y elijan la adecuada para cada espacio; explíqueles que deben copiar la respuesta en el espacio en blanco. Si lo cree oportuno, dote a la actividad de un sentido de competición para hacerla más rápida y ligera. Deje que lean el texto antes de pedirles que se levanten.

Ficha 3. *La biografía lingüística de Amy.*

1. f; **2.** a; **3.** d; **4.** c; **5.** e; **6.** b; **7.** g.

Prepa. Preparatoria. Amy es estudiante en Estados Unidos. Su sistema educativo, como el mexicano, tiene un estadio que es la Preparatoria. Por eso, ella al escribir en español, utiliza el coloquialismo que usan los jóvenes mexicanos.

2.I.I. Corrija en grupo clase y trate de que, entre todos, extraigan la estructura del texto o ideas que en él se plasman (*¿Qué lenguas hablo? ¿Por qué y dónde las aprendí? ¿Cómo las he aprendido? ¿Qué hago para seguir aprendiendo y/o practicando?*).

2.2. Presente otro modelo de biografía y utilícelo para repasar los pasados, ya que es un contenido que los estudiantes necesitarán para la tarea final. Como verá, en el texto aparecen usos menos frecuentes, o que no siguen la regla más general, de los pasados; la finalidad es precisamente reflexionar sobre esos usos. Esta es la razón por la que en el ejercicio de selección múltiple se han elegido opciones que faciliten la respuesta (una de ella es claramente incorrecta).

1. había estudiado; **2.** olvidó; **3.** podía; **4.** estudiábamos; **5.** he vuelto; **6.** ha sido; **7.** ha llevado; **8.** aprendí; **9.** aprendí; **10.** compré.

Etapa IO

2.2.1. Actividad de reflexión. Pida a los alumnos que vuelvan a leer el texto para fijarse en las cuestiones lingüísticas que se les plantea. En la puesta en común, reflexione sobre la importancia de la actitud y percepción del hablante para elegir una forma lingüística frente a otra.

1. he vuelto; **2.** El uso de los pretéritos no depende de ninguna referencia temporal, sino de la cercanía o lejanía con que el hablante percibe la acción.

2.2.2. Vuelva al texto para hacer la siguiente tarea de comprensión. La puesta en común le servirá para provocar una pequeña interacción oral sobre la importancia de estos tres aspectos en el aprendizaje de una lengua.

Motivación: tiene un novio argentino; Tiempo: pasa mucho tiempo en el tren; Medios: un libro gramática, dos de ejercicios y uno de conversación, además de los recursos en la red.

2.3. **Actividad opcional.** Motive la actividad preguntando a los alumnos cuáles creen que son las razones más votadas para aprender español. Deje que se aventuren en la respuesta y cree el interés por la actividad. Pídales que lean las razones que da Amy para explicar por qué, según su opinión, esos pueden ser los motivos más votados. Dígales que escriban las suyas. Posteriormente haga una puesta en común y deje que los alumnos cuenten sus experiencias y expresen sus opiniones.

2.3.1. Si ha decidido hacer la actividad opcional, haga esta puesta en común.

Actividad extra. Puede completar la secuencia pidiendo a los alumnos que piensen, para posteriormente contarlo a la clase, en profesores y asignaturas que recuerden especialmente por haber sido una experiencia positiva para su aprendizaje y su vida.

2.4. Actividad que presenta los modelos de lengua que muestran el uso del imperfecto de subjuntivo para expresar deseos y preferencias. El objetivo de la primera tarea es reflexionar y hacer conscientes a los alumnos sobre sus creencias y actitudes sobre el aprendizaje de lenguas. Introduzca y motive el cuestionario con la pregunta que aparece en el libro. Pídales que marquen la opción que represente su opinión, según la tabla que se les ofrece.

2.4.1. Pida a los alumnos que compartan sus respuestas y anímelos a que las justifiquen expresando sus sentimientos y opiniones.

2.4.2. Explique a los estudiantes que vuelvan a leer las frases anteriores, esta vez con la finalidad de reflexionar sobre la lengua y sistematizar los nuevos contenidos lingüísticos presentados.

1. A. b. Preferiría que todos habláramos la misma lengua; **c.** Preferiría que no hubiera tantos acentos de la misma lengua; **e.** Me gustaría que la gente no diera tanta importancia a la gramática. **B. b.** Me gustaría poder vivir una temporada en esos países; **c.** Me gustaría ser capaz de hablar correctamente cualquier lengua que aprenda; **2.** Se usa subjuntivo cuando los sujetos de las dos oraciones son diferentes e infinitivo cuando el sujeto de las dos oraciones es el mismo. **3. 1.** Ojalá pudiéramos aprender muchas lenguas de pequeños, b; **2.** Ojalá tenga la oportunidad de conocer muchas; a.

2.4.3. Para practicar la forma del imperfecto de subjuntivo e inferir posteriormente la regla, se propone el juego del dominó en la ficha 4. La dinámica es la siguiente: divida a la clase en dos grupos y entregue a cada uno un juego de tarjetas, recortadas. Pídales que las pongan bocabajo, las barajen y las repartan entre ellos. Explíqueles que un estudiante empieza poniendo una ficha en la mesa (por ejemplo en la que aparece *hiciera/comer* (tú)) y, por turnos, el siguiente estudiante debe mirar sus fichas para comprobar si puede continuar el juego poniendo la ficha en la que aparece el infinitivo del verbo que está en subjuntivo (*hacer*) o la que tiene el imperfecto de subjuntivo del infinitivo (*comieras*). Estas fichas, a su vez, están divididas en dos partes: *vinierais/hacer* (*yo*) o *comieras/ver* (*yo*) y así sucesivamente hasta que uno de los estudiantes del equipo se quede sin fichas.

Adviértales que, una vez que hayan terminado, mantengan el dominó ordenado para hacer la siguiente actividad.

Ficha 4. *Juego del dominó.*

2.4.4. Actividad que sistematiza la morfología del imperfecto de subjuntivo. Pida a los alumnos que se fijen en los verbos de la actividad anterior para completar el cuadro de reflexión. Adviértales que esta forma verbal tiene dos terminaciones (*ra/se*) que se usan indistintamente.

Pretérito imperfecto de subjuntivo: **–ra, –ses, –ra, –semos, –rais, –ran. 2. hicieron, hiciera/se; 3. salieron, salierais/seis; 4. vinieron, vinieras/ses; 5. tuvieron, tuvieran/esen; 6. estuvieron, estuviéramos/semos.**

2.5. La grabación presenta otro modelo de biografía lingüística. Contextualícela y pida a los alumnos que completen el cuadro. Adviértales que deben tomar notas de la información, no reproducirla literalmente. Ponga la audición dos veces y deje que comparen sus notas en parejas entre cada escucha.

¿Qué lenguas habla? **2. Inglés; 3. La eligió en la escuela porque le gusta cómo suena y le interesa la cultura antigua de Hispanoamérica; 4. Francés; 6. Árabe, En la universidad. Porque le gustan las lenguas con un alfabeto distinto; 8. Italiano, Después de graduarse. Le gusta cómo suena y tiene amigos. ¿Qué piensa sobre el aprendizaje de lenguas? Es bueno para aprender no solo la lengua, sino también la cultura; Hay que tener interés y estar motivado por el país; Le gustaría poder vivir una temporada en los países cuya lengua aprende; Le gustaría que se motivara más a los alumnos para tener interés por otras lenguas; Le gustaría que la gente tuviera más ganas de aprender y diera más importancia a otras lenguas, aparte del inglés.**

2.6. Puede pedir en este momento que los alumnos escriban su biografía lingüística o mandársela como tarea. La finalidad es que antes de llegar a la tarea final haya habido un espacio donde ayudarlos, corregir sus textos y resolver sus dudas y preguntas. Explíqueles que las preguntas son una guía o esquema, pero que deben redactar un texto cohesionado.

3 A mí me pasó lo mismo

En este epígrafe se busca hacer consciente al estudiante sobre las diferencias y semejanzas de su cultura y la del mundo hispano, al mismo tiempo que se le hacen observar pautas interculturales para ayudarle a comprender mejor algunos comportamientos del mundo de la lengua que están aprendiendo y a poder resolver con mayor eficacia los problemas que puedan derivarse de ello.

3.1. Actividad para que los alumnos reflexionen sobre experiencias que compartimos. Anímelos introduciendo el tema y cuénteles que le sorprende la cantidad de cosas que los humanos hacemos siempre en la misma situación; hágales la pregunta: "Por ejemplo, ¿no os pasa que cuando te dicen que mires disimuladamente, nunca miras di-si-mu-la-da-men-te?". Al final de sus respuestas, añada: "Es una verdad como un puño". De esta manera se resalta el título del texto que les mandará leer a continuación. Explique que un *sugus* es una marca de caramelo masticable muy popular en España y que *pasar de hacer algo* es una expresión coloquial que significa 'no tener interés por algo'. Organice el trabajo en parejas para completar los huecos.

1. empujar; **2.** parada; **3.** lo encuentra; **4.** *sugus*; **5.** temprano; **6.** borrar; **7.** a la velocidad del rayo; **8.** disimulo; **9.** cadenas; **10.** un montón.

3.1.1. Actividad de interacción oral. Ponga a los alumnos a hablar en tríos y coménteles que deben buscar puntos en común sobre las situaciones citadas en el texto de 3.1. Al terminar de hablar, cada trío debe exponer al resto de la clase las conclusiones a las que han llegado.

3.1.2. Anime a sus alumnos a pensar en una situación en la que crean que la mayoría de la gente actúa de una manera. Motívelos con el ejemplo siguiente: "En el colegio: ¿no os pasaba que nunca sabíais qué hacer con la pintura de color blanco?". Adviértales que deben empezar la frase usando la estructura: *A mí también me pasa que...*

3.1.3. Actividad de interacción oral. Ponga a los estudiantes de pie, y anímelos a que se pregunten si a ellos también les pasa que... y escriban el nombre de los compañeros con quienes coinciden. Una vez que han preguntado, vuelven a sentarse y ponen en común los resultados de la información obtenida.

3.2. Actividad de comprensión lectora. Se busca hacer consciente al estudiante de la importancia de observar e intentar comprender la nueva cultura de la lengua que aprenden. El diccionario de términos clave de ELE del Instituto Cervantes define la noción de competencia intercultural como "la habilidad del aprendiente de una L2 para desenvolverse adecuada y satisfactoriamente en las situaciones de comunicación intercultural que se producen con frecuencia en la sociedad actual, caracterizada por la pluriculturalidad". Por consiguiente, el docente, en su actuación, debe considerar la lengua y la cultura como dos realidades indisociables y, en base a ello, diseñar actuaciones didácticas que materialicen este enfoque. Introduzca el tema escribiendo en la pizarra la palabra "interculturalidad" y preguntando qué les sugiere. Hábleles de ello y dígales que van a leer un texto para ver su importancia. Recorte el texto de la ficha 5 y pegue los párrafos por las paredes de la clase: los alumnos deben ponerse de pie para relacionar las frases que resumen cada párrafo con este.

 Ficha 5. *Texto sobre la competencia intercultural.*

a. 4; **b.** 2; **c.** 1; **d.** 3; **e.** 5.

3.2.1. Actividad de comprensión auditiva. Contextualice la audición contando algún malentendido sociocultural que conozca como una experiencia que le pasó. Puede servirle el siguiente ejemplo: los maoríes, esquimales o la gente de Catar se saludan haciendo rozar sus narices. Cuente que una vez alguien fue a saludarle de este modo y no comprendió nada, y que fue una experiencia muy chocante. Anímelos a hablar de alguna otra que ellos hayan vivido y a continuación explique que van a escuchar a cuatro alumnos extranjeros que vivieron experiencias de este tipo. Dé la tarea para que completen solo las dos primeras columnas en la primera audición.

3.2.2. Haga que comparen sus respuestas, corríjanlo en voz alta y anímelos a comentar en parejas por qué creen que se produjo el malentendido completando el resto de las columnas. Una vez finalizado, se pone en común la información para conseguir entre todos, y con su ayuda, dar una explicación sobre el malentendido y las estrategias de evitación y superación de conflictos.

1. Helga, Alemania. Sus amigos reaccionaban cuando ella hablaba e interrumpían su discurso. Ella pensaba: "¡Les aburro!". Las dosis de expresión de entusiasmo e interés por el otro son mayores en el mundo hispano que en otras culturas. Preguntando por qué se hace o explicando que en su país no se interrumpe tan frecuentemente. **2.** Peeter,

Holanda. Llevó flores de regalo a casa de un compañero de trabajo. Diego pensó: "¡A ver si va a ser gay y quiere ligar conmigo!". Normalmente un chico no llevaría flores a un compañero de trabajo soltero. Preguntando antes de ir qué es más apropiado llevar en esa situación. **3.** Breeda, Irlanda. Le ofrecían mucha comida y ella aceptaba sin desearlo. Finalmente fue muy brusca al explicar sus motivos de rechazo. La madre pensó: "¡Esta chica es muy maleducada, qué forma de criticar mi comida!". La estudiante tuvo poco tacto: no se pueden hacer comentarios tan directos. Y habría que insistir en la negativa lo mismo que el otro lo hace en el ofrecimiento. Falta conocimiento de pragmática: hay que justificar con mucha suavidad: *Es que…, Me gusta pero…,* etc. **4.** Akira, Japón. Oía imperativos y se sentía presionado. Akira pensaba: "¡Qué bruscos son estos sevillanos!". La idea de que el imperativo se usa para dar órdenes. Preguntando: "¿Estás enfadado por algo?" o "¿Por qué dices: ¡venga!?".

3.2.3. El objetivo de la siguiente escucha es hacer que los estudiantes se fijen en una serie de expresiones que se usan, en su mayoría, para hablar de sentimientos o para reaccionar ante ellos. Antes de corregirlo ponga a los alumnos en parejas para comprobar sus respuestas. Después, anímelos a usar las expresiones contando alguna anécdota que les haya sucedido en un momento de su vida relacionada con los malentendidos socioculturales.

1. Me cansaba mucho; **2.** Me hacían sentir muy mal, ¡Lo pasé fatal!, No me encontraba nada a gusto, No terminaba de sentirme bien; **3.** Me estoy acordando de una vez que…; **4.** ¡Basta ya!; **5.** ¡Menos mal!; **6.** Me daba vergüenza, Estaba como cortado; **7.** Meter prisa.

3.2.4. y **3.2.5.** Con estas actividades de interacción oral, se pretende involucrar a los estudiantes con sus experiencias. La finalidad es crear un espacio en el aula para la reflexión sobre la influencia de la cultura y la nacionalidad en determinados comportamientos socioculturales, no se persigue, por lo tanto, encontrar una respuesta única a las cuestiones que se plantean. Anime a los alumnos ejemplificando con la primera frase: "¿Qué pensáis? ¿Que las diez de la noche en España es una hora prudente para llamar por teléfono a alguien?, ¿a cualquiera? ¿Y en vuestros países?". Una vez establecido el debate, dígales que deben escribir una frase imaginando qué harían ellos en las situaciones presentadas. Puede poner música relajada mientras escriben. A continuación, invítelos a compartir sus respuestas para buscar puntos en común con el resto de los compañeros. Si el número de alumnos es mayor de cinco, póngales a hablar en tríos en vez de en grupo clase.

> Multitud de estudios neurosicológicos aconsejan el acompañamiento de música suave de fondo mientras se realiza una actividad intelectual y/o creativa. Según estos estudios, el ritmo, el tono, la melodía, tienden a relajar a los estudiantes permitiendo un proceso cognoscitivo enriquecido por imágenes, pensamientos metafóricos y por asociaciones entre las áreas auditivas, visuales y emotivas, que favorecen el proceso del pensamiento y de la creatividad.

Recuerde que estas respuestas no son únicas, se trata de comportamientos generales que pueden cambiar dependiendo de las personas que interactúen.

1. Las 22.00h sería habitualmente la hora límite para llamar sin problema a una casa con niños; **2.** La señora está siendo amable, la interrupción no debe percibirse como algo maleducado; **3.** Cuando alguien es un cliente habitual es frecuente establecer relaciones cercanas con dueños o empleados de establecimientos a los que se acude; **4.** Es muy frecuente acariciar o besar a los niños de la gente conocida. Si la persona es mayor, y especialmente mujer, puede ser mucho más habitual; **5.** En la mayor parte de España no se celebran los santos y nadie espera un regalo por ello. Se suele, como mucho, felicitar a la persona; **6.** Lo normal es que sea considerado como algo muy amable por tu parte si lo coges: de este modo tu vecino no tendrá que ir hasta la oficina de correos a recogerlo; **7.** Dependiendo de la hora, puede que a un español no le moleste una visita espontánea si no es muy larga, pero es mejor siempre avisar; **8.** No se regatea en España: algunas personas mayores lo intentan, pero no insisten si reciben una sonrisa (o no) como negativa. Tampoco se sienten mal por ello: lo han intentado y ya está; **9.** Dice un refrán español: "Al que come y canta, algún sentido le falta" así que se considera de mala educación hacerlo en la mesa; **10.** Es bastante frecuente que los dependientes opinen sobre cómo te queda la ropa sin que se les pida la opinión: normalmente nadie se va a sentir molesto por ello.

3.2.6. y **3.2.7.** Actividad comunicativa con una producción escrita. Establezca parejas de estudiantes para que revisen y tomen notas de todo lo aprendido en el epígrafe 3 sobre comportamientos socioculturales. A continuación, explique que van a escribir un informe sobre ello y negocie con todos el título del mismo. Puede aprovechar para comentar el significado del refrán: *Allá donde fueres, haz lo que vieres*. Reparta medio folio a cada pareja para la realización de sus informes que debe terminar con una reflexión grupal sobre la importancia del saber sociocultural y algunos ejemplos prácticos.

3.2.8. Actividad opcional. Invite a los estudiantes a diseñar un póster con el título, las ideas principales de sus informes y la reflexión grupal final. Pueden incluir fotos y algunas recomendaciones que harían a otros estudiantes que vayan a visitar otro país para evitar situaciones de choque intercultural. Una vez finalizado, colóquelo para decorar el aula.

4 Tarea final

Explique a los alumnos que van a realizar la tarea final de la unidad: redactar un escrito con sus conclusiones sobre algunos de los temas de los que han hablado y reflexionado en la unidad.

4.1. Si tiene una clase numerosa, divídala en dos o tres grupos (de cinco o seis personas) y pídales que discutan sus opiniones para llegar, si pueden, a redactar un escrito que refleje sus conclusiones.

4.2. Ponga en común las ideas que han reflejado en sus escritos los grupos. Explíqueles que no deben leer los textos sino resumirlos y explicarlos. Anímelos a que elijan algunas frases, que consideran importantes o que representan la opinión de todos, para hacer tarjetas y colgarlas por la clase. Así las podrán tener en cuenta a lo largo del curso.

Unidad 2

Y tú, ¿cómo duermes?

Esta unidad trata del mundo de los sueños, de sus interpretaciones, del surrealismo, de curiosidades sobre la forma de dormir y soñar y de expresiones que se usan para ello. En la tarea final los alumnos presentarán a la clase un cuadro surrealista diseñado por ellos donde integrarán los conocimientos adquiridos.

1 La vida es sueño

El título del epígrafe proviene del título de una de las obras más importantes de Pedro Calderón de la Barca (ver información en 1.1.). Se contextualiza el tema de la unidad con tres poemas que hablan del sueño y se enseñan expresiones coloquiales muy usuales del español de España y América, así como léxico de posturas que adoptamos al dormir.

1.1. Introduzca el tema escribiendo en la pizarra "La vida es sueño" y anime a sus estudiantes a hablar preguntándoles: "¿Qué os sugiere esta frase?". Explique el origen de la misma y dígales que van a leer tres poemas de autores muy relevantes del mundo de la literatura hispana. Dígales que dos versos de cada poema se han descolocado y que deben localizarlos y decir a qué poema pertenecen. Preenseñe las palabras: *frenesí*, *hálito*, *tregua*, *despojar*, *sopor*, *trunco* para facilitar la comprensión de los mismos. Advierta que no es necesario entender los textos en profundidad.

Poema n.º 1: *de tu sueño. Si diera/un paso más, caería*, versos 5 y 6 del poema n.º 2; Poema n.º 2: *¿Por qué es tan triste madrugar? La hora/nos despoja de un don inconcebible*, versos 5 y 6 del poema n.º 3; Poema n.º 3: *que toda la vida es sueño,/y los sueños, sueños son*, versos 5 y 6 del poema n.º 1.

> **Pedro Calderón de la Barca** (Madrid, 1600-1681). Escritor, poeta y dramaturgo barroco español del Siglo de Oro. Su obra maestra es, sin duda, *La vida es sueño*, drama filosófico cuya temática es la siguiente: Segismundo vive en un principio dentro de una cárcel, de una caverna, donde permanece en la más completa oscuridad por el desconocimiento de sí mismo; solo cuando es capaz de saber quién es, consigue el triunfo, la luz. *El médico de su honra* y *El alcalde de Zalamea* son otras de sus obras más destacadas.
>
> **Pedro Salinas** (Madrid, 1891-Boston, 1951). Dramaturgo, ensayista y, por encima de todo, gran poeta de la Generación del 27, fue profesor en Cambridge y en varias universidades norteamericanas donde vivió desde 1936. Destacan sus obras *Presagios*, *Razón de amor* y *Largo lamento*, entre otras.
>
> **Jorge Luis Borges** (Buenos Aires, 1899-Ginebra, 1986). Escritor argentino, es uno de los autores más destacados y eruditos de la literatura del siglo XX. Publicó ensayos breves, cuentos y poemas.

1.1.1. Comprensión auditiva que servirá para corregir la actividad anterior. Pídales que se fijen y perciban la musicalidad de los poemas.

1.1.2. Actividad opcional. Anime a sus estudiantes a preparar un recital de poemas. Divídalos en tres grupos y haga que cada uno seleccione el poema que más le haya gustado y que lo prepare para declamarlo delante de la clase.

1.2. Motive la actividad diciendo a sus estudiantes que esta noche *no ha pegado ojo* y pregúnteles si entienden la expresión. Explique que hay muchas expresiones coloquiales y refranes que se usan para explicar cómo dormimos. Divida la clase en tres grupos (A, B y C) y reparta la información de la ficha 6 que corresponde a cada uno: deben relacionar sus expresiones con el significado que aparece en la ficha.

Grupo A: **1.** c; **2.** a; **3.** e; **4.** d; **5.** b; **6.** f. Grupo B: **1.** a; **2.** e; **3.** c; **4.** d; **5.** b; **6.** f. Grupo C: **1.** e; **2.** d; **3.** b; **4.** c; **5.** a; **6.** f.

 Ficha 6. *Significado de expresiones coloquiales y refranes.*

1.2.1. Reorganice la clase y haga grupos con un alumno del grupo A, otro del B y otro del C. Deben explicarse unos a otros los significados que acaban de aprender. Después, en estos mismos grupos de trabajo tienen que completar el mapa conceptual que recoge todas las expresiones aprendidas. Anímelos a apuntar otras expresiones que conozcan en el apartado 6 del cuadro.

1. Dormir como un tronco, un lirón, dormir del tirón; **2.** Estar toda la noche en vela, No pegar ojo en toda la noche, Pasarse la noche en blanco; **3.** Quedarse frito/a, sobado/a, sopa; **4.** una cabezada; **5.** Al que madruga, Dios le ayuda, Cría buena fama y échate a dormir, El que se levanta tarde, ni oye misa, ni come carne; **6.** Dormir la mona, Aplatanarse, Cumplir un sueño, Tener un sueño espantoso/horrible, Estar agotado/a.

1.2.2. Actividad para hacer consciente al estudiante de las variedades léxicas del español en el mundo hispanohablante. Para introducir la actividad, pregúnteles si creen que en todo el mundo hispano se usarán de igual manera las expresiones anteriores e invítelos a hacer conjeturas en parejas sobre el significado de las que se presentan en este punto.

1. b; **2.** f; **3.** d; **4.** a; **5.** b; **6.** c; **7.** e; **8.** b.

1.2.3. Esta actividad trabaja el desarrollo de estrategias de aprendizaje al hacer que los estudiantes perciban las semejanzas y diferencias de sus idiomas con la lengua meta objeto de estudio.

1.3. Actividad de presentación de léxico sobre posturas que adoptamos al dormir. Deje que describan las fotos y ayúdelos a comprender el léxico haciendo mímica. Tenga en cuenta que la postura del faraón o soldado se refiere a dormir bocarriba con piernas y brazos pegados a lo largo del cuerpo, y la de la estrella de mar corresponde a dormir sobre la espalda con los brazos estirados hacia arriba, rodeando la almohada.

1.3.1. Práctica de lenguaje. Ejemplifique la actividad imitando una postura y animando a los estudiantes a describirla. Posteriormente, invite a los alumnos a pensar en otra y hacer lo mismo. Será una competición. Gana el estudiante que antes defina o diga el nombre de la postura representada.

1.4. y 1.4.1. Contextualice la actividad preguntando a los alumnos si piensan que la postura en la que dormimos refleja nuestra personalidad. Intente que piensen cómo son las personas de acuerdo a las posturas presentadas antes de escuchar el audio. De esta forma está activando su léxico para hablar del carácter, lo cual les ayudará a comprender mejor la grabación.

I.4.2. Haga una copia de la transcripción y repártala a los alumnos para que amplíen su información. Preenseñe: *vulnerabilidad*, *cabezota*, *desanimado*, *ingenuo*, *confrontación*, y *altruista*. Inicie una interacción oral preguntándoles si están de acuerdo con la información del texto.

I.5. Práctica de lenguaje. Los estudiantes deben ponerse de pie por la clase e ir preguntando a cada uno de sus compañeros para comprobar al final si la información facilitada en la actividad es verdadera o falsa. Recuérdeles que deben escribir los nombres de los que respondan afirmativamente para facilitar el recuento y ver mejor el resultado final. Una vez terminado, se sientan y entre todos deciden si las respuestas de la actividad son verdad o mentira.

I.5.I. Actividad de reflexión para aclarar el orden de algunas expresiones de cantidad. Para corregir, dibuje la línea en la pizarra e invite a escribir a sus estudiantes las soluciones en ella.

1. Todo el mundo; **2.** La mayoría; **3.** La mitad de la clase; **4.** Un tercio del grupo; **5.** Una quinta parte; **6.** Solo una persona; **7.** Nadie.

I.5.2. y **I.5.3.** Actividad para practicar el lenguaje aprendido a lo largo del epígrafe. Anime a sus estudiantes a poner sus sillas en un círculo (si fueran jóvenes, podrían sentarse en el suelo). En el centro habrá un alumno que debe dar una instrucción para que el resto se levante: *Que se ponga de pie el que…* repasando el vocabulario de posturas y de expresiones que usamos para hablar de cómo dormimos. Un estudiante puede permanecer fuera del círculo y tomar nota de los datos de la actividad escribiendo el número de personas que se levanta en cada momento. Estos datos serán decisivos para la elaboración del informe posterior.

2 Y los sueños, sueños son

En este epígrafe se trabaja la narración e interpretación de sueños. Se reflexiona sobre el uso onírico del imperfecto de indicativo, los conectores discursivos y el voseo americano. El título procede de uno de los famosos versos del fragmento de *La vida es sueño* que leyeron en 1.1.

2.I. Motive el tema preguntando si suelen soñar con temas que se repiten. Presente el texto con una breve alusión a la figura de Mario Benedetti. Preenseñe: *anegar*, *desparramarse*, y *viceversa*, *decir una pavada (una tontería)*, *gatear*, *lucense (natural de Lugo, España)*, *quero la papa (quiero la papilla, en lenguaje infantil)*, *hacerse pipí*.

1. inundaciones; **2.** aviones; **3.** hijos; **4.** Hijos.

> **Mario Benedetti** (Paso de los Toros, Uruguay, 1920-Montevideo, 2009) fue un escritor y poeta uruguayo integrante de la Generación del 45 a la que pertenecen también Idea Vilariño y Juan Carlos Onetti, entre otros. Su prolífica producción literaria incluye más de 80 libros, algunos de los cuales han sido traducidos a más de 20 idiomas.

2.I.I. Actividad de reflexión. Es interesante hacer recordar a los alumnos los usos del pretérito indefinido y del pretérito imperfecto de indicativo vistos en sus clases o en *Etapas* anteriores (indefinido para expresar acciones e imperfecto para descripción del contexto/situación): un buen ejemplo de ello está en el párrafo 2 del texto.

Ahora se trata de ver un nuevo valor del imperfecto: el imperfecto onírico, usado para relatar sueños especialmente presente en los párrafos 1, 3 y 4 (este aparece en la continuación que leerán en 2.1.3.).

Los ríos se desbordaban y anegaban los campos; Aprendía a nadar; Algunos gateaban y me decían...

2.1.2. Actividad de expresión escrita. Sugiera a los estudiantes que imaginen la continuación y un final para el texto. Puede poner música relajada mientras escriben.

2.1.3. Recorte el texto de la ficha 7. Péguelo por el aula y pida a los alumnos que se pongan de pie y completen su información leyendo los fragmentos del mismo. Antes, preenseñe: *cancha, atajar, escabullirse (el balón de las manos), menudencia, venido a menos, veteranas, verbigracia* y anime a los estudiantes a imaginar cómo será el final con estas palabras. Después leerán y comprobarán si los textos que han escrito tienen puntos en común con el original.

 Ficha 7. *Final del texto de Mario Benedetti.*

2.2. Actividad para reflexionar sobre la importancia del uso de conectores del discurso para enriquecer las narraciones y dotarlas de mayor coherencia y cohesión tanto en lengua escrita como oral. Forme parejas para que se ayuden a resolver la actividad y proponga añadir otros conectores que conozcan a la lista anterior.

1. inicialmente, un tiempo después, luego, posteriormente, en los últimos tiempos, entonces, al rato, cuando; **2.** además; **3.** de pronto; **4.** así que; **5.** ya que.

2.3. Actividad para reflexionar sobre rasgos del español del Cono Sur aprovechando los recursos del texto. Haga recordar la procedencia uruguaya del autor a sus alumnos y hábleles del voseo, fenómeno extendido más allá del Cono Sur pero por el que se identifica principalmente a los hablantes de Argentina y Uruguay.

a. Vos sabés, vení; **b.** golero, tan luego a mí (*nada menos que... –uso en lengua culta escrita–*).

1. El voseo pronominal consiste en el uso de vos como pronombre de segunda persona del singular en lugar de *tú* y de *ti*. *Vos* se emplea como sujeto: *Puede que vos tengás razón*; como vocativo: *¿Por qué la tenés contra Alvaro Arzú, vos?*; como término de preposición: *Cada vez que sale con vos, se enferma*; y como término de comparación: *Es por lo menos tan actor como vos*. Sin embargo, para el pronombre átono (el que se usa con los verbos pronominales y en los complementos sin preposición) y para el posesivo, se emplean las formas de tuteo *te* y *tu, tuyo*, respectivamente: *Vos te acostaste con el tuerto; Lugar que odio [...] como te odio a vos; No cerrés tus ojos*.

2. El voseo verbal consiste en el uso de las desinencias verbales propias de la segunda persona del plural, más o menos modificadas, para las formas conjugadas de la segunda persona del singular: *tú vivís, vos comés* o *comís*. El paradigma verbal voseante se caracteriza por su complejidad, pues, por un lado, afecta en distinta medida a cada tiempo verbal y, por otro, las desinencias varían en función de factores geográficos y sociales, y no todas las formas están aceptadas en la norma culta.

Más información: http://buscon.rae.es/dpdI/SrvltGUIBusDPD?lema=voseo

2.3.1. Juego del tres en raya: se trata de una actividad muy conocida por la mayoría de nuestros alumnos. Divida la clase en dos grupos y asígneles un símbolo: grupo X y grupo O. Un grupo elige una casilla y tiene que decir correctamente el verbo en forma *tú*. Si acierta, se pone su símbolo en la casilla, si no, se pasa al otro equipo. Gana el grupo que consiga tener correctas tres casillas seguidas en cualquier dirección. El grupo contrincante debe intentar que nunca consigan las tres casillas en línea.

Di (tú); Ama (tú); Haces; Vives; Amas; Tocas; Hablas; Bailas; Come (tú); Haz (tú); Bebes; Pon (tú); Escribes; Vive; Dices; Habla (tú).

2.4. Actividad de interacción oral. Motive el tema contando algún sueño que haya tenido recientemente (puede inventarse alguno) y anime a los estudiantes a hacerle más preguntas sobre el mismo y a reaccionar ante la información ofrecida.

2.5. Actividad de expresión escrita. Ponga música relajada en el aula y cuente a sus estudiantes que van a escribir un sueño. Vaya dando pautas con voz suave para que escriban sobre lo que usted les dice. Comience diciendo: "Esta noche habéis soñado que estabais en un BOSQUE y os perdíais. Escribid cómo era el bosque, cómo os sentíais, qué hacíais, qué momento del día era…", y guarde silencio para que sigan escribiendo. A continuación, dígales: "De repente, os encontrabais con un OSO. ¿Cómo era? ¿Teníais miedo? ¿Qué sentíais?… (silencio)… ¿Había PERSECUCIÓN?", deje de nuevo sonar la música. Después añada: "De pronto aparecía una CASA" (preguntas de nuevo y silencio), "Más tarde os encontrabais con AGUA (música y silencio) y finalmente sentíais ganas de VOLAR: ¿lo hacéis?, ¿cómo os sentís?…", vaya subiendo el volumen de la música para terminar la actividad.

2.5.1. Llega el momento de interpretar los sueños. Pregunte a sus alumnos si han oído hablar de Freud y qué saben de él. Explique que se van a convertir en intérpretes de sueños. Haga cuatro grupos: A, B, C y D y reparta tres textos de la ficha 8 (A, B, C y D) a cada uno. Deben entenderlas entre todos y tomar notas de la información más relevante porque habrán de contarla a sus compañeros.

 Ficha 8 (A, B, C y D). *Interpretación de los sueños.*

> **Sigmund Freud** (Freiberg, Moravia –antiguo Imperio austriaco y actual Příbor, República Checa–, 1856-Londres, 1939) fue médico y neurólogo austriaco, creador del psicoanálisis y una de las mayores figuras intelectuales del siglo XX.

2.5.2. Reorganice la clase creando nuevos grupos: en cada uno de ellos habrá un miembro de A y otro de B, C y D, de tal modo que juntos comparten toda la información de la ficha 8. Dígales que lean los textos del sueño del bosque que han escrito los integrantes del grupo y que vayan analizando cada uno de los elementos del mismo: el bosque, el oso, la persecución, la casa, el agua, etc., teniendo en cuenta la información aprendida con los textos de la ficha 8. Cada uno debe ir tomando notas de la información ofrecida sobre su "sueño".

2.6. y **2.6.1.** Actividad de interacción oral. Mantenga los mismos grupos de trabajo de la actividad anterior e invite a los estudiantes a hablar sobre los sueños que han tenido en algún momento de sus vidas y a interpretar sus significados aplicando la información aprendida.

Actividad extra. Proyecte la transparencia 1 y explique a sus estudiantes que se trata de la letra de una canción del grupo barcelonés Facto Delafé y Las Flores Azules titulada *La luz de la mañana* que encontrará en *youtube* (http://www.youtube.com/watch?v=2_ks072Fn8E). Anímelos a predecir las palabras que faltan y a salir a la pizarra para completar los huecos con las palabras imaginadas. Posteriormente, ponga la canción: los alumnos deberán comprobar cuántos aciertos han tenido. Invítelos a hacer una segunda escucha para disfrutar de la melodía y letra de la canción.

Transparencia 1. *La luz de la mañana.*

1. críos; **2.** espera; **3.** mañana; **4.** mar; **5.** árboles; **6.** pescador; **7.** camisas; **8.** cama.

3 El mundo del sueño y el surrealismo

En este epígrafe los alumnos van a conocer curiosidades sobre cómo actúa nuestro cerebro al dormir y van a ahondar en el movimiento surrealista, analizando alguna obra de dos de los exponentes principales del surrealismo pictórico en España: Salvador Dalí y Joan Miró.

3.1. Esta actividad sirve de motivación para la lectura de los textos que se proponen en 3.1.1. Introduzca el tema preguntando a sus estudiantes si no les parece fascinante lo que pasa en nuestras mentes mientras dormimos. Anímelos a hacer conjeturas sobre ello antes de llevar a cabo la actividad.

1. V; **2.** V; **3.** F; **4.** F; **5.** V; **6.** F; **7.** V; **8.** V.

3.1.1. y **3.1.2.** A través de los textos, primero, y de la audición, después, los alumnos van a corregir las respuestas anteriores. Antes de animarles a opinar sobre la información aprendida, haga mención a los exponentes para expresar sorpresa y extrañeza y para mostrar escepticismo del cuadro de atención. Preste especial atención a la entonación dando un modelo y haciendo que los alumnos lo repitan.

3.1.3. Actividad opcional. Para practicar el lenguaje anterior, lea usted en voz alta las frases del libro y haga que los estudiantes reaccionen expresando sorpresa, extrañeza o escepticismo. Preste mucha atención a su entonación.

Posible respuesta: **1.** ¿Quééééééé?; **2.** ¡Qué cosa tan rara!; **3.** No me lo esperaba para nada; **4.** ¡Ya!/¡Si tú lo dices!

3.2. y **3.2.1.** Contextualice la actividad explicando a los alumnos que en Internet circula una lista de acciones que suelen repetirse en algunas películas y que producen sorpresa o escepticismo. Motive con algunos de los ejemplos que aparecen en la actividad. Pida que, en parejas o pequeños grupos, las lean y que, primero, intenten explicar el significado de las palabras resaltadas. Posteriormente, haga una puesta en común y pregúnteles por películas en las que han visto estas escenas. Termine la interacción oral invitándoles a que aumenten la lista de curiosidades.

3.3. Esta actividad busca acercar a los alumnos al origen del movimiento surrealista. Divida la clase dos grupos. Forme parejas A–B y ponga a los estudiantes con la letra A de espaldas a la pared. Proyecte el texto de la transparencia 2 con la información de GRUPO A. El alumno A tiene que hacer sus preguntas a B, que tendrá que buscar las respuestas en el texto proyectado. Al finalizar, se cambia el turno: los B se colocan de espaldas a la proyección (texto GRUPO B) y hacen sus preguntas a su pareja A. Plantee la actividad como una competición. Gana la pareja que antes encuentre todas las respuestas a las preguntas planteadas en su libro. Corrija las respuestas en grupo clase.

Alumno A: **1.** París, 1924; **2.** André Breton; **3.** Freud; **4.** El caos, lo prohibido, el erotismo, el mundo de los niños y de los dementes, los desnudos y las máquinas.

Alumno B: **1.** Goya; **2.** Chirico; **3.** Miró; **4.** Dalí.

Transparencia 2. *Texto surrealista.*

3.3.I. Presente esta actividad preguntando qué saben de Dalí, Miró u otros pintores surrealistas. Inste a sus alumnos a observar los cuadros presentados y a relacionar las imágenes con los títulos. Una vez identificadas las obras de Dalí y Miró, explique que van a bucear en la obra de estos dos grandes pintores y dé una somera información relacionada con los otros dos.

1. Miró; **2.** Remedios Varo; **3.** Roberto Matta; **4.** Dalí.

> **Remedios Varo** (Gerona, España, 1908-Ciudad de México,1963) fue una pintora surrealista hispano-mexicana. **Roberto Matta** (Santiago de Chile, 1911-Civitavecchia, Italia, 2002) arquitecto y pintor chileno, fue considerado el último de los representantes del surrealismo.

3.3.2. Actividad de comprensión auditiva. Deje que los estudiantes completen la información del texto con la audición y use la transparencia 3 para corregir y observar con detenimiento la riqueza de esta pintura de Joan Miró. Proyecte la imagen del cuadro y haga que los estudiantes se pongan de pie y marquen en la transparencia los elementos citados en la descripción que más llamen su atención.

1. la guitarra; **2.** bigotes; **3.** azules; **4.** un ovillo; **5.** volando; **6.** dado; **7.** oreja; **8.** la torre Eiffel.

Transparencia 3. *El carnaval del Arlequín* (Joan Miró).

3.3.3. Divida la clase en cuatro grupos y proyecte ahora la transparencia 4 con el cuadro *La madonna de Port Lligat* de Dalí. Reparta los cuatro fragmentos del texto de la ficha 9 con la descripción del cuadro a cada grupo: tendrán que leer su parte y explicar al resto de la clase la información del mismo. Los alumnos se levantarán por turnos e irán marcando en el cuadro proyectado los elementos descritos en su texto. Antes de repartir los textos preenseñe: *regazo, pedestal, bajorrelieve, trapo, telón* y *castidad*.

> **Salvador Dalí** (Figueras, España, 1904-1989). Dalí es el pintor más escandaloso y extravagante de todo el grupo. Sus cuadros presentan figuras imposibles fruto de su imaginación. Le caracteriza la provocación y su método "paranoico-crítico". Su primera etapa surrealista es furiosa y ácida, las formas se alargan, se descomponen o resultan de apariencia equívoca. Utilizará alusiones al sexo y la paranoia. También de esta época son característicos sus relojes blandos, sus altas y destacadas figuras sobre un lejano horizonte y las vistas de Cadaqués. Su pintura resulta excepcional en sus calidades plásticas por la corrección en el dibujo y por la presencia de la luz, transparente y limpia. *La madonna de Port Lligat*, realizado en 1950, inaugura una etapa en la obra de Dalí caracterizada por los múltiples cuadros de asunto religioso que pinta.

 **Transparencia 4.** *La madonna de Port Lligat* (Salvador Dalí).

 Ficha 9. *La madonna de Port Lligat* (Salvador Dalí).

3.3.4. Actividad opcional. Anime a los alumnos a que, como tarea fuera de clase, traigan información sobre algún autor surrealista relevante de su país y a presentarlo a la clase. Si algunos de ellos comparten nacionalidad, pueden trabajar juntos. Deben completar el cuadro a la hora de escuchar la información de los compañeros: de esta manera se mantiene activa la escucha y se crea un mayor interés por los datos compartidos.

4 Tarea final

Epígrafe en el que se repasa todo lo aprendido y se plantea plasmarlo en una tarea final, en este caso, la realización de un cuadro de corte surrealista. El objetivo es que los estudiantes por grupos dibujen un cuadro que represente sus posturas y modos de dormir y los temas que pueblan sus sueños.

4.1. y 4.2. Forme grupos de tres estudiantes e involúcrelos para recordar lo aprendido en la unidad y completar el cuadro con la información de cada compañero. Reparta media cartulina a cada grupo. Anímelos a diseñar un cuadro surrealista en el que reflejen toda la información del cuadro de 4.1. Aporte pinturas de colores, revistas y tijeras por si prefieren hacerlo a modo de *collage*. Recuérdeles que no es necesario saber dibujar muy bien, que lo importante son las ideas. Si algún grupo se sintiera poco motivado a pintar, sugiérale que use palabras en vez de imágenes en su obra.

4.2.1. Actividad de puesta en común de sus tareas finales. Haga que cada trío se ponga frente a la clase y muestre y explique su cuadro. Estimule a los estudiantes para interesarse por el trabajo de los otros y dígales que piensen en el título del cuadro que los compañeros están presentando para, posteriormente, compararlo con el título original. Finalmente, cuelgue los diseños en un rincón de la clase que podrían titular: "El mundo de nuestros sueños" o de cualquier otro modo que negocie el grupo.

Unidad 3

Y tú, ¿cómo te diviertes?

En esta unidad el tema que vertebra los contenidos que se presentan es el ocio y el tiempo libre. Como tarea final, se propone a los alumnos elaborar las preguntas-pruebas de un juego de mesa.

1 Ocio y tiempo libre

En este epígrafe se presenta vocabulario relacionado con el ocio y el tiempo libre, así como diferentes formas lingüísticas para proponer y sugerir planes.

 1.1. Actividad que introduce el tema y presenta vocabulario relacionado con él. Motive con las imágenes: todas ellas muestran diferente actividades de ocio y tiempo libre. Pida a los alumnos que, en parejas, relacionen el léxico con las fotos y traten de deducir los significados de las palabras que no comprendan. Corrija la actividad y asegúrese de que quedan resueltos todos los problemas de vocabulario.

1. b; **2.** e; **3.** f; **4.** g; **5.** a; **6.** c; **7.** d.

1.1.1. Actividad que aumenta el *input* léxico. Anime a los alumnos a que relacionen las palabras con las imágenes anteriores escribiendo el número de la foto en el espacio destinado para ello. Haga la actividad en parejas y pídales que busquen en el diccionario las palabras que no comprendan.

1. barajar, cortar; **2.** la máscara, la peluca; **3.** montar/desmontar la tienda de campaña; **4.** esquivar, girar, golpear; **5.** la traca, los petardos, estallar; **6.** sentir vértigo, soltar adrenalina; **7.** entrenar, calentar, estirar.

Actividad extra. Para practicar el vocabulario anterior, si lo cree conveniente, puede hacer una actividad con mímica. Una persona representa una palabra y el resto debe adivinarla. Puede llevarla a cabo en forma de competición individual o por grupos.

1.2. Actividad que introduce la siguiente en la que se distingue entre tiempo libre y tiempo de ocio real. Motive con la pregunta y pídales que lean las dos definiciones; provóquelos y despierte su interés para, posteriormente, pasar a la siguiente actividad.

1.2.1. Actividad de interacción oral. Anime a los estudiantes a que comenten sus impresiones y opiniones sobre el concepto de ocio y tiempo libre de Gete-Alonso. Pídales que vuelvan a las definiciones anteriores y las interpreten desde el punto de vista de Gete-Alonso. Cuando lo crea conveniente pase a la siguiente actividad.

> Eugenio Luis Gete-Alonso es un especialista en marketing, creador de la agencia de marketing Gete&direct en 1995. Escribió *Tiempo de ocio* en 1987.

1.2.2. Motive a los estudiantes preguntándoles que, según el gráfico anterior, cuánto tiempo creen que realmente dedican al ocio; esto le servirá para introducir la siguiente actividad.

Etapa 10

I.2.3. La actividad pretende ampliar el léxico relacionado con los hábitos y el tiempo libre. Es importante, por tanto, que pida a los estudiantes que primero lean todas las actividades y que pregunten lo que no comprendan.

I.2.4. A partir del ejemplo que se ofrece en el libro, aproveche para llamar la atención a los estudiantes sobre los exponentes que pueden usar para pedir, corregir, cuestionar o enfatizar información.

I.3. La grabación ofrece las muestras de lengua para preguntar por los planes y proponer o sugerir otros. Esta primera escucha general sirve de contextualización. Observe que la tarea que se les pide permite una transición fluida con la actividad anterior y servirá, en un estadio posterior, para las explicaciones pragmáticas que se presentan en las siguientes actividades. Adviértales que en algunos casos la frontera entre necesidad y obligación puede no estar clara; en ellos permítales marcar las dos respuestas.

1. Necesidad/Obligación; **2.** Placer (ocio); **3.** Necesidad/Obligación; **4.** Placer (ocio); **5.** Placer (ocio).

I.3.1. Actividad de reflexión sobre las formas lingüísticas que se usan según las intenciones y/o los mensajes. Haga la escucha en dos partes: pídales, primero, que contesten a la pregunta de la primera columna, y ponga la grabación una segunda vez para completar la otra columna. En esta última tarea es conveniente que haga el primer ejemplo con ellos para dirigirles sobre el tipo de respuesta.

1. 1 (había pensado), 2 (había pensado); **2.** 2 (¿Y si fuéramos...?), 3 (¿Y si aprovecháramos...?), 5 (¿Te apetecería que celebráramos...?); **3.** 5 (siempre que).

I.3.2. Actividad de sistematización. Entregue a los alumnos una copia de la ficha 10, con la transcripción de la audición para que tengan los exponentes contextualizados y completen el cuadro de reflexión.

Preguntar por los planes de otro: ¿Qué tienes previsto...? Expresar que un plan no es definitivo: Había; Proponer: presente; imperfecto de subjuntivo; presente de subjuntivo. Aceptar con condiciones: presente de subjuntivo.

Ficha 10. *Diálogos y planes.*

I.3.3. Actividad que reflexiona sobre el uso y significado de algunas de las estructuras que han aparecido en la audición. Ponga a los alumnos en parejas para que discutan la respuesta antes de la puesta en común.

1. V; **2.** F (usamos el imperfecto de subjuntivo); **3.** V; **4.** F (expresa una necesidad, en este caso de ser cortés o ético, y es impersonal).

I.4. Práctica de lenguaje. Advierta a los alumnos que la elección también depende de la edad; por eso, las fórmulas elegidas en la clase variarán en función de cada estudiante. Téngalo en cuenta a la hora de corregir.

I.4.1. Para la puesta en común, le sugerimos la siguiente dinámica: proyecte la transparencia 5, como apoyo a la actividad, y pídales que, por turnos, vayan dando sus respuestas a cada propuesta o plan. Diga que cuando tengan alguna respuesta diferente a lo propuesto por su compañero, lo comenten. Así tendrán todas las alternativas que representan las diferentes opciones de los estudiantes. En este caso caso, anímelos a que justifiquen sus elecciones.

Transparencia 5. *Proponer.*

I.4.2. Circule entre las parejas para corregir y ayudar. Si lo cree conveniente, al final de la actividad anime a que alguna pareja voluntaria escenifique el diálogo para la clase. En este caso, pida a los demás que tomen nota de los posibles errores o incorrecciones, para hacer una revisión posterior.

I.5. **Actividad opcional.** En la ficha 11 se ofrecen textos que hablan sobre el ocio en diferentes ámbitos comparando los años 70 y el 2000. Le proponemos la siguiente dinámica (*Busca tu pareja*):

1.º Recorte las tarjetas de la ficha 11. Verá que hay dos tipos de tarjetas: las que ofrecen información sobre el ocio en los años 70 (en un color y señaladas por un número) y las que describen los cambios en el 2000 (en otro color y referenciadas con una letra).

2.º Divida a la clase en dos grupos (años 70 y 2000) y entregue a cada alumno (o pareja de alumnos, dependiendo del número de estudiantes que tenga) de cada equipo una tarjeta, correspondiente a su equipo.

3.º Pídales que se levanten y que busquen en el otro grupo a la persona (o pareja) que tenga la información que complemente la que ellos tienen.

4.º Una vez que se hayan encontrado, ponga en común la información para que todos puedan completar las dos primeras columnas del cuadro propuesto en la actividad.

Ficha 11. *De los años 70 al 2000.*

1. c; **2.** b; **3.** e; **4.** a; **5.** d; **6.** f.

> *Terremoto* es una película estadounidense de 1974, producida y dirigida por Mark Robson. Protagonizada por Charlton Heston, Ava Gardner y George Kennedy, entre otros, el argumento gira en torno a un terremoto que destruye la mayor parte de la ciudad de Los Ángeles, California, llegando a un 9,9 en la escala Richter. Fue galardonada con el premio Oscar 1975 al mejor sonido.
>
> *Fantasía 2000* es una película de animación de Walt Disney creada en el año 1999 y estrenada en el 2000. Fue hecha para recordar el 60 aniversario de la película *Fantasía*, el tercer clásico de Walt Disney, del año 1940.

I.5.I. Actividad de interacción oral: anime a los estudiantes a la discusión ofreciéndoles algunas ideas (cine en 3D, televisión digital, libros digitales, etc.).

2 | Impresiones

● ●

En este epígrafe se repasa y presenta nuevo léxico para la descripción de personas y para hablar de la impresión que alguien nos suscita a partir de su apariencia. Se introduce el uso del pretérito imperfecto de subjuntivo en las frases relativas.

2.1. Motive la actividad con la imagen y pregúnteles qué impresión le causan esas personas. Pídales que se fijen en ellas para contestar a las preguntas que se les plantean. Llame su atención sobre los exponentes que pueden usar para expresar sus juicios o valoraciones.

2.1.1. Utilice la actividad, en forma de juego, para repasar vocabulario relacionado con la descripción física. Motive a los alumnos retándoles a comprobar cuánta memoria tienen. Pídales que trabajen en parejas y haga posteriormente una puesta en común. Si lo considera conveniente, aproveche para recordar la diferencia entre los verbos *llevar* y *tener* en este contexto y repasar las estructuras comparativas y superlativas.

1. F; **2.** F; **3.** V; **4.** V; **5.** V; **6.** F; **7.** F; **8.** F; **9.** V.

2.1.2. La actividad ofrece los modelos de lengua para identificar personas e introduce más vocabulario sobre la descripción física y el atuendo.

Recorte las tarjetas de la ficha 12 y cuélguelas, desordenadamente, por las paredes de la clase. Pida a los alumnos que se levanten y clasifiquen la información escribiendo el número de la tarjeta en el espacio correspondiente, según al personaje al que se refiera. Haga el primer ejemplo con ellos.

Miguel: 5, 7, 14; **Irene:** 3, 11, 12; **Luis:** 6, 13; **Ana:** 1, 4, 9; **Jesús:** 8; **Mercedes:** 2, 10.

 Ficha 12. *Compañeros de trabajo.*

2.1.3. Fomente la autonomía de los estudiantes y pídales que completen los cuadros de reflexión con los ejemplos e información que cada uno crea necesario para su aprendizaje y deje que la sistematicen y estructuren de la forma que ellos prefieran. Utilice los ejemplos que se les ofrecen para guiarles y muéstreles el cuadro de atención de la página siguiente con las frases relativas que sirven para identificar personas, lugares y cosas.

2.2. La siguiente secuencia presenta el uso del pretérito imperfecto de subjuntivo en las frases de relativo. Introduzca la siguiente actividad con este ejercicio: pida a los estudiantes que traten de describir y contextualizar con ejemplos cada uno de los ocios que se proponen; pregúnteles si se identifican con alguno de ellos y por qué.

2.2.1. La actividad presenta los modelos de lengua sobre los que posteriormente se reflexiona. Haga esta primera tarea individualmente para que los alumnos puedan leer las frases tranquilamente y resolver los problemas de vocabulario que pudieran tener. Pídales que usen diccionarios o que le pregunten a usted o a algún compañero. Es importante que les advierta que, en algunos casos, puede que haya varias opciones o puede que decidan que ninguna.

2.2.2. Dirija la actividad haciendo que se fijen en el ejemplo que se propone. Pídales que lean la información que se les ofrece en el cuadro de llamada de atención sobre las frases de relativo. Damos por hecho que, en este nivel, los estudiantes conocen este tipo de oraciones y que han aprendido que la alternancia indicativo/subjuntivo se explica por los conceptos de antecedente conocido/no conocido. Si no fuera así, es importante primero darles esta explicación y ayudarles a entenderla con ejemplos en presente.

2.2.3. Actividad que, a partir de la descripción de personas del ejercicio anterior, presenta léxico referido al carácter y la personalidad. Adviértales que no todas las frases anteriores tienen su adjetivo y que, en algunos casos, se pueden usar dos; por ejemplo: para la descripción número 3 podemos decir: *depresivo* y *melancólico*. Para asegurarse que entienden el significado de la palabra, pídales que describan el tipo de persona a la que se refiere.

a. 1; **b.** 3; **c.** 14; **d.** 12; **e.** 7; **f.** 2; **g.** 11; **h.** 15; **i.** 3; **j.** 4; **k.** 8; **l.** 13.

2.3. y **2.3.1.** Actividad opcional. Inicie una interacción oral pidiendo a los alumnos que discutan sus respuestas y cuando lo crea conveniente pídales que lean el texto para que comprueben sus hipótesis.

Actividades más gratificantes en el ocio para los españoles: verse con los amigos y familiares; cuidar del cuerpo y de la salud; comer bien; llevar a cabo actividades de tipo cultural; ir a la playa; ir a la montaña. Nacionalidades más satisfechas con sus actividades de ocio: ingleses; italianos; alemanes; españoles. Nacionalidades más apegadas al trabajo y menos ociosas: portugueses; españoles; italianos; alemanes; ingleses.

2.4. Motive e introduzca la secuencia con la pregunta que se formula en el libro. Deje que los estudiantes participen con sus opiniones y ponga usted algún ejemplo internacional (Bronx o Brooklyn en Nueva York, Soho en Londres...) para ayudarles con la respuesta. Cuando lo crea conveniente, presente el siguiente ejercicio.

2.4.1. y **2.4.2.** Pida que lean los textos y que definan al tipo de persona que se menciona. Antes de hacer una puesta en común en grupo clase, deje que comparen sus respuestas en parejas.

pija: persona que en su vestuario, modales, lenguaje, etc., manifiesta gustos propios de una clase social acomodada; **marchosa/juerguista:** persona que le gusta salir con los amigos a beber y comer; **chulo:** individuo de las clases populares de Madrid, caracterizado por una forma especial de hablar y de moverse; **liberal/abierto de mente:** partidario de la libertad individual y social en lo político.

2.4.3. Involucre a los estudiantes con sus experiencias.

3 Preferencias

En este epígrafe se presentan actividades para desarrollar destrezas y estrategias comunicativas.

3.1. Contextualice la secuencia explicando a los alumnos que van a participar en la elaboración de una página de la *Guía del ocio*. Presente la actividad haciendo en grupo clase la propuesta número 2 (*Cinco razones para disfrutar de la ciudad donde estás aprendiendo español*). Después déjeles un tiempo, individualmente, para que piensen en sus respuestas. Divida a la clase en pequeños grupos y pídales que intercambien la información. Preenseñe: *aplaudir, venerar*.

3.2. Motive la actividad preguntando si conocen al autor, el lugar y la película. Aporte la información que considere necesaria para los estudiantes. Propóngales esta primera tarea de verdadero/falso. Esta lectura les servirá para que se fijen en las propuestas y puedan servirles como modelos para posteriormente elaborar las suyas.

1. V; **2.** F; **3.** F.

Mario Vargas Llosa es un escritor peruano considerado uno de los más importantes novelistas y ensayistas contemporáneos. Su obra ha cosechado numerosos premios: en 2010 obtuvo el Nobel de Literatura. Al igual que otros autores latinoamericanos, Vargas Llosa ha participado en política a lo largo de su carrera. Fue candidato a la presidencia del Perú en 1990.

El parque natural Sierra de Aracena y Picos de Aroche está situado al norte de la provincia de Huelva. Está formado por 28 municipios de la sierra y tiene una población aproximada de 41 000 habitantes. Forma parte de la reserva de la biosfera Dehesas de Sierra Morena junto con el parque natural Sierra Norte de Sevilla y el parque natural Sierra de Hornachuelos, en la de Córdoba. Gastronómicamente, la zona es universalmente conocida por los productos de cerdo ibérico, como el jamón ibérico de bellota.

3.2.1. Explíqueles que sus propuestas pueden continuar con las categorías propuestas o añadir las que ellos prefieran (conciertos, discos, espectáculos, museos, etc.). Le sugerimos llevar cartulinas para hacer un cartel y decorar la clase.

3.2.2. Actividad opcional. Para resolver la tarea, se sugiere una lectura general del texto de la ficha 13 con la siguiente dinámica de aprendizaje cooperativo: asigne a cada alumno un número del 1 al 5 y entréguele el párrafo correspondiente que, previamente, ha recortado de la ficha 13. Pídales que respondan a las preguntas cuya información tengan, y que busquen la que les falte entre los compañeros. Explíqueles que la actividad solo termina con éxito cuando toda la clase haya resuelto la actividad; de esta manera han de preocuparse por ayudar a sus compañeros.

1. Perú; **2.** *La ciudad y los perros, Los cachorros*; **3.** *La tía Julia y el escribidor, Conversación en La Catedral*; **4.** *La tía Julia y el escribidor, Pantaleón y las visitadoras*; **5.** Intrigas políticas, dictaduras, problemas sociales...; **6.** Novela negra.

 Ficha 13. *Mario Vargas Llosa.*

4 Tarea final

Explíqueles o recuérdeles que como tarea final se les propone elaborar las preguntas-pruebas para un juego de mesa con el que, posteriormente, jugarán con todos los compañeros. Con estas preguntas o pruebas se están repasando contenidos.

4.1. Divida a la clase en tres grupos (A, B, C) y anímelos a que completen las preguntas o frases de las tarjetas. Explíqueles que con ellas están repasando diferentes tipos de oraciones relativas. Dígales que en las tarjetas llamadas de *Libre elección* pueden proponer lo que ellos decidan (hablar durante un tiempo sobre un tema, preguntas de contenidos de la unidad, de la Etapa, preguntas más generales de información personal, de gustos, preferencias de ocio, etc.). Circule entre los grupos para ayudar y corregir errores.

4.2. Proyecte la transparencia 6 con el tablero del juego, entregue a cada grupo dos fichas, para moverse por las casillas, y un dado. Las instrucciones son las siguientes:

1.º Cada grupo juega con dos fichas, de manera que debe subdividir a cada grupo en dos equipos: uno para cada ficha (de esta forma se asegura una mayor participación de todos los alumnos).

2.º El juego se gana cuando los dos subgrupos del mismo equipo llegan a la meta.

3.º Un subgrupo tira el dado, se mueve por el tablero a la casilla correspondiente y responde a la pregunta del otro equipo: el grupo A responde a las preguntas de B; el grupo B, a las de C, y el grupo C a las de A.

4.º La interrogación obliga a improvisar una pregunta usando algún tipo de frase relativa.

 **Transparencia 6.** *Juego de mesa.*

Unidad 4

Y tú, ¿cómo vives?

 Y tú, ¿cómo te sientes?

En este epígrafe se presenta vocabulario sobre partes del cuerpo y expresiones que se usan para hablar de la salud. Al final, se propone la realización de un gráfico por parte de los estudiantes indicador de las enfermedades más frecuentes en sus países.

I.I. Competición para presentar vocabulario relacionado con el cuerpo. Proyecte la transparencia 7 y recorte las palabras de la ficha 14. Divida la clase en 2 grupos y reparta las palabras dando la mitad a cada uno. Déjeles un tiempo para pensar en grupo dónde situarían cada palabra del cuerpo. Marque el momento de salida y empiece la competición: gana el grupo que consiga colocar más palabras correctas en la transparencia. En el libro del alumno se ofrecen las mismas imágenes con el fin de que los alumnos puedan fijar aquel vocabulario que crean necesario. Deles tiempo para que lo escriban.

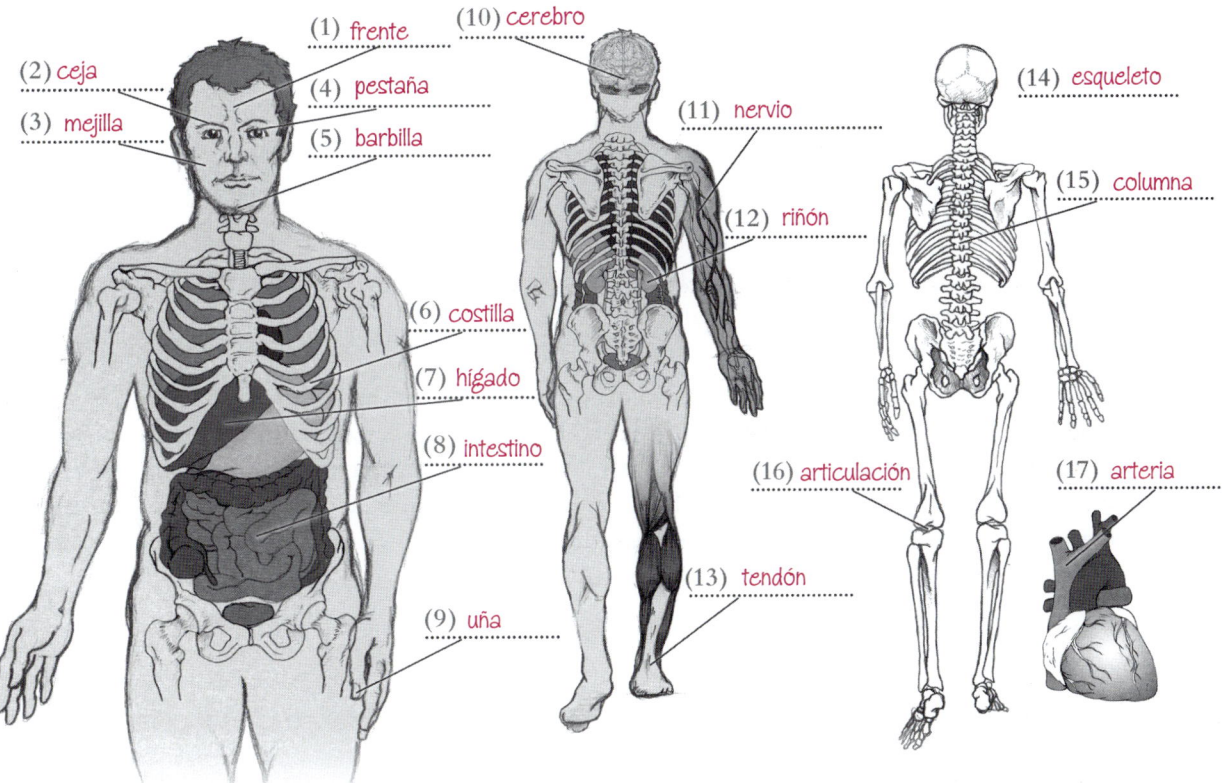

(1) frente
(2) ceja
(3) mejilla
(4) pestaña
(5) barbilla
(10) cerebro
(11) nervio
(12) riñón
(6) costilla
(7) hígado
(8) intestino
(13) tendón
(9) uña
(14) esqueleto
(15) columna
(16) articulación
(17) arteria

 **Transparencia 7.** *El cuerpo humano.*

 Ficha 14. *El cuerpo humano.*

I.I.I. Actividad con la que se presenta léxico más especializado sobre problemas de salud. Forme parejas para su realización. Antes de comenzar, advierta a sus alumnos que necesitarán léxico de las partes del cuerpo que no aparece en 1.1.

1. riñón; **2.** cerebro; **3.** músculos; **4.** corazón; **5.** intestino; **6.** pulmón; **7.** uretra/vejiga; **8.** huesos; **9.** articulaciones; **10 y 11.** arterias y venas; **12.** hígado.

Etapa 10

I.I.2. Actividad opcional que puede plantear si considera necesario reforzar el vocabulario anterior. Cree grupos de tres alumnos. En cada uno, un estudiante se sitúa de espaldas a la pizarra. Usted escribe una parte del cuerpo y los compañeros deben dar una definición de la misma o usar mímica hasta que la adivinen. Gana el grupo más rápido y que haya acertado más palabras.

I.2. Comienza la presentación de modelos de lengua empleados para expresar estados físicos y anímicos. Deje a sus estudiantes, por parejas, ensayar sobre las fórmulas que ellos usarían en cada una de las situaciones ofrecidas. Preenseñe la palabra *bolardo* (poste).

I.2.I. y I.2.2. Actividad de comprensión auditiva para comprobar las hipótesis anteriores. Indique a los alumnos antes de la primera escucha que deben comparar lo escrito en 1.2. con las respuestas del audio. Una vez observadas las diferencias, haga una segunda escucha con el fin de hacer hincapié en la entonación. Es interesante que los estudiantes repitan las reacciones inmediatamente después de ser escuchadas.

1. ¡Qué cansado/a estoy! ¡Estoy agotado/a!; **2.** ¡Qué daño!, ¡Cómo me duele!; **3.** ¡Qué mal me sienta comer!, ¡No tengo ni pizca de hambre!; **4.** ¡Me encuentro deprimido/a!, ¡Qué angustia siento!; **5.** No me encuentro nada bien, ¡qué mareado/a estoy!; **6.** ¡Estoy hambriento/a!, ¡Me muero de hambre!; **7.** ¡Estoy helado/a!; **8.** ¡No puedo más! ¡Me agotan estos entrenamientos!

I.2.3. Cuadro de reflexión para fijar las estructuras empleadas para expresar estados físicos y anímicos. Es importante permitir que los alumnos consigan completarlo infiriendo el lenguaje a través de la observación de las fórmulas escuchadas en el audio. Déjeles el tiempo que considere necesario para ello y para corregirlo. Le sugerimos que escriba los números del 1 al 9 en la pizarra y reparta rotuladores para que los propios estudiantes salgan a escribir las soluciones.

1. Encontrarse; **2.** desde hace; **3.** Tener; **4.** espantoso/a; **5.** Hacerse; **6.** Sentarle a uno; **7.** el apetito; **8.** sin fuerza; **9.** Agotarse.

I.3. y I.3.I. Presentación de expresiones coloquiales para hablar de estados físicos. Recorte la ficha 15 y pegue las tarjetas por las paredes de la clase. Los estudiantes deben seleccionar dos expresiones que no conozcan, levantarse y coger las tarjetas con los significados que creen que se corresponden con sus expresiones. Compruebe que han hecho bien la relación y pídales que se las presenten al resto de compañeros haciendo mímica de ellas y explicando el significado aprendido.

1. a; **2.** f; **3.** h; **4.** e; **5.** b; **6.** i; **7.** c; **8.** j; **9.** d; **10.** g.

 Ficha 15. *¿Qué significa esta expresión?*

I.4. Presentación de expresiones coloquiales con partes del cuerpo. Puede motivarlo contando el siguiente chiste: *Una niña le dice a su madre: "Mamá, en la escuela me dicen que estoy todo el día soñando". La mamá le responde: "Bah, no te preocupes, eso es que tienes la cabeza llena de pájaros". La niña, histérica, grita: "¡Ay!, ¡quítamelos, quítamelos!".* Con él está ilustrando el significado de la expresión *tener la cabeza llena de pájaros*. Explique a continuación que los dibujos siguientes ilustran otras tantas expresiones que tienen en común el uso de una parte del cuerpo. Dé un tiempo para que los estudiantes hagan hipótesis sobre sus posibles significados. Pasee por la clase para resolver dudas y realice una puesta en común.

I.4.I. Práctica de bingo con las expresiones anteriores. Recorte las tarjetas de la ficha 16A, forme parejas y reparta un cartón a cada una. Introduzca las tarjetas de la ficha 16B en una bolsa y vaya sacándolas para leer el significado de una expresión. Pida a los alumnos que marquen la casilla correspondiente si la tienen. Ganará la pareja que antes logre marcar todas las casillas de su cartón.

 Ficha 16 (A y B). *¡Bingo!*

I.5. Práctica de lenguaje a través de un *Busca a alguien que...* para consolidar el uso de las expresiones aprendidas hasta el momento. Anime a los estudiantes a ponerse de pie y buscar entre todos los miembros del grupo alguna persona con respuestas afirmativas. Cuando la encuentren, deben escribir su nombre y pasar a la siguiente pregunta.

Actividad extra. *Pictionary*. Divida la clase en dos grupos: cada uno de ellos elige una expresión y un representante que salga a la pizarra a dibujarla. Si el equipo contrario la acierta, obtiene un punto. Luego, se cambia de grupo. La duración de esta actividad dependerá del interés que estén mostrando los estudiantes aunque se aconseja que no sea mayor de quince minutos.

I.6. Actividad de rellena huecos que pueden completar en parejas. Las frases sirven como modelos de lengua para hacer una reflexión posterior en el punto siguiente acerca de los nexos causales.

1. Adelgacé; **2.** úlcera; **3.** cólico; **4.** picores; **5.** anorexia; **6.** cefaleas.

I.6.I. Cuadro de reflexión que deben completar los alumnos observando los modelos de lengua de la actividad anterior.

1. causa; **2.** gracias a, por culpa de, dado que, a causa de.

I.7. y **I.7.I.** Realice la primera actividad para introducir el tema de la audición del siguiente punto. Llame la atención de los estudiantes sobre la frase que tienen en el libro y pregúnteles si conocen a su autor. Es una cita del escritor estadounidense Mark Twain; anímelos a expresar su opinión sobre el tema, para lo que puede utilizar, si lo ve oportuno, las preguntas del punto 1.7.1. Diga a los alumnos que van a escuchar una noticia sobre este tema y explique la tarea: responder a las preguntas. Le aconsejamos que preenseñe *mono* (síndrome de abstinencia).

1. Entre un 3% y un 5%; **2.** Mareos, ansiedad, depresión, irritabilidad, trastornos del sueño, dificultades para concentrarse, dolores de cabeza, cansancio, aumento del apetito, estreñimiento y tos; **3.** No, científicamente es considerado una adicción; **4.** Dopamina y serotonina.

I.8. Actividad de interacción oral que facilita la contextualización de la siguiente actividad de lectura. Informe a sus alumnos de que el listado que tienen en su libro recoge las principales enfermedades de los españoles. Anímelos a predecir las cinco más frecuentes. Deje un tiempo para que lo discutan en parejas y expongan sus hipótesis al resto de la clase. Deles finalmente la solución.

1. Enfermedades cardiovasculares; **2.** Cáncer/Tumores malignos; **3.** Enfermedades del sistema respiratorio; **4.** Enfermedades del sistema digestivo; **5.** Enfermedades del sistema nervioso.

> La forma *gripa* se utiliza con frecuencia en Colombia y México para referirse a esta enfermedad.

Étapa 10

1.8.1. Actividad de comprensión escrita que servirá de modelo textual para la tarea del epígrafe. Motive la actividad preguntando a sus alumnos si creen que esas enfermedades son también las más frecuentes en otros países. Dígales que van a leer unos textos que hablan de las enfermedades más comunes entre los treintañeros mexicanos. Pídales que identifiquen a qué enfermedad se refiere cada uno de los textos. Anímelos a que comparen con un compañero sus conclusiones.

1. Infarto; **2.** Fracturas y lesiones; **3.** Ansiedad y depresión; **4.** Cáncer de mama y útero; **5.** Obesidad; **6.** Hipertensión y diabetes; **7.** Osteoporosis.

1.8.2. Tarea final del epígrafe que pretende implicar a los estudiantes en una actividad colaborativa de investigación y recogida de datos. Agrúpelos por nacionalidades y anímelos a buscar información sobre las principales enfermedades en sus países. Para ello deberán consultar Internet, lo que se puede hacer en la clase si hay recursos para ello, o mandarlo como tarea para que hagan en casa. Después, escriben un texto con la información recopilada explicando cuáles son las enfermedades más comunes en su país y las causas de las mismas. Recuérdeles que los textos de 1.8.1. pueden servirles de modelo. Ponga en común toda la información e invite a sus alumnos a elaborar un cartel con ella. Si la clase es monolingüe, pídales que investiguen sobre un país de su elección.

2 Y tú, ¿qué comes?

En este epígrafe se introduce vocabulario relacionado con la alimentación y la salud. Se presentan estructuras para advertir y aconsejar.

2.1. Actividad de interacción oral con la que se introduce el tema del epígrafe. Motive el ejercicio planteando las dos primeras preguntas en grupo clase. Después, divida la clase en tríos y pídales que discutan las respuestas. Finalmente, haga una puesta en común y presente la siguiente actividad.

2.1.1. La actividad de comprensión lectora presenta, contextualizado, vocabulario que los estudiantes van a necesitar para hablar del tema (alimentación y salud). Divida la clase en tríos y entregue a cada uno dos o tres textos (en función de los grupos que le hayan salido) de la ficha 17 (A y B), de manera que toda la información esté repartida. Pídales que lean los textos, subrayen las palabras que no conozcan y las busquen en el diccionario. Explíqueles que después tendrán que resumir la información a sus compañeros.

 Ficha 17 (A y B). *Algunos mitos sobre la alimentación.*

2.1.2. Ponga en común las respuestas que han leído los alumnos y anímelos a que definan, con sus palabras, el léxico que tienen en la actividad. Explíqueles que este aparece resaltado en negrita en los textos, de manera que si alguno tiene dificultad para entenderlo, puede pedir que los compañeros le ayuden con el significado.

2.1.3. Anime a los estudiantes a que participen con sus opiniones y experiencias.

2.2. Motive la actividad preguntando a los alumnos qué alimentos piensan que debe contener una dieta para engordar. A continuación, pídales que en parejas intenten completar la guía con las palabras que faltan. Explíqueles que para ayudarse pueden leer las definiciones que aparecen al margen, pero adviértales que no se preocupen si no saben la respuesta; no obstante, permítales usar el diccionario. Déjeles un tiempo razonable (entre cinco y diez minutos) y ofrézcales la solución con la siguiente dinámica: clasifique a los alumnos en A, B y C, haga fotocopias de la ficha 18 en la que tienen el léxico definido en la actividad, y entregue la tarjeta correspondiente a cada estudiante. Pídales que, primero, corrijan o completen el ejercicio con las palabras que se les han asignado, y anímelos, después, a que se levanten y pregunten al resto de compañeros por el léxico que les falta. Finalmente haga una puesta en común.

1. Miel; **2.** Pescado azul; **3.** semillas; **4.** Clara; **5.** ajo rallado; **6.** salmón ahumado; **7.** picatostes; **8.** tropezones; **9.** Puré; **10.** bechamel; **11.** picadas; **12.** Albóndigas; **13.** Macedonia; **14.** crudos.

 Ficha 18. *Alimentos para engordar.*

2.3. Actividad que introduce y motiva la secuencia. Provoque una pequeña interacción oral y cuando lo considere oportuno, presente el texto de la siguiente actividad.

2.3.1. El texto presenta, contextualizados, los exponentes para advertir y aconsejar que se sistematizan en la siguiente actividad. En esta primera lectura, pídales que lean la definición de *alarmante* y *alarmista* y que se fijen en las noticias que el autor considera exageradas para discutir sobre ellas.

2.3.2. Actividad que sistematiza los exponentes introducidos anteriormente. Pídales que completen la primera parte del cuadro con ellos. Pídales que intenten completar la segunda parte del cuadro con otros ejemplos. En una audición posterior (actividad 2.5.) podrán comprobar si coinciden con los que ellos han propuesto.

1. Lo mejor sería que dedicáramos…; **2.** Lo aconsejable sería que acudiéramos… **3.** Ten en cuenta; **4.** Presta atención; **5.** Ojo; **6.** Como lo conviertas en un hábito…; **7.** Te advierto que; **8.** Te aviso que.

2.3.3. En la ficha 19 aparecen cuatro párrafos que pertenecen a las opiniones de 2.3.1. Ponga a los alumnos en parejas y entregue una copia a cada una. Pídales que identifiquen a las personas a las que pertenece cada párrafo, escribiendo el nombre en el espacio en blanco. Anímelos a que redacten ellos otros para el resto de las noticias.

 Ficha 19. *Es alarmante que…*

a. María; **b.** Ángel; **c.** Diego; **d.** Almudena.

2.4. **Actividad opcional.** En esta actividad se practican los exponentes de consejo a la par que se desarrollan las destrezas de la lectura y la interacción oral. Si piensa que sus alumnos necesitan profundizar en la práctica de los consejos, le recomendamos que la haga. Divida la clase en dos grupos, A y B, y pídales que se fijen en las actividades propuestas para su grupo. Dé las indicaciones necesarias para que realicen los puntos 1 y 2. Cuando terminen, haga parejas formadas por un miembro de cada equipo para hacer un juego de roles. Pida a los estudiantes con la letra A que les expliquen sus problemas a los B. Anime a estos últimos a encontrar un consejo relacionado con los textos que acaban de leer y a que lo formulen intentando añadir otra información fruto de su conocimiento del mundo. Después, pídales que repitan la actividad cambiando los papeles: los B explican sus problemas y los A les dan consejos.

2.5. En la grabación se ofrecen modelos de lengua con nuevos exponentes para advertir. Contextualice la audición y en esta primera escucha pida a los alumnos que relacionen la imagen con la posible situación en la que tienen lugar las conversaciones. Explíqueles que deben escribir en el espacio en blanco el número del diálogo. Preenseñe: *bache* y *pinchar*.

a. 2, en un taller de coches; **b.** 4, en casa; **c.** 5, en clase; **d.** 3, en el trabajo; **e.** 1, en la peluquería; **f.** 6, en la calle.

2.5.1. En esta escucha pida a los estudiantes que presten atención a los nuevos exponentes y adviértales que solo uno de ellos ha aparecido ya en la actividad anterior.

1. Como no; **2.** Tenga cuidado; **3.** No te fíes de; **4.** Que sea la última vez que; **5.** Te recuerdo que; **6.** Cuidado.

2.5.2. Haga con los alumnos la reflexión gramatical de los nuevos exponentes: pídales que vuelvan al cuadro de la actividad 2.3.2., que comparen con las expresiones que ellos han escrito y que completen el cuadro definitivamente.

2.6. **Actividad opcional.** Decida si es necesario hacerla con sus estudiantes o si, por el contrario, prefiere pasar directamente a la siguiente actividad. Esta puede servir como modelo y ayudar a los alumnos con las ideas para la discusión. Motive el ejercicio con las imágenes y los títulos y pregúnteles si creen que realmente son dos de los grandes problemas de este siglo. Puede llamar su atención sobre las fotos que están más abajo para empezar a generar ideas para la actividad. Pídales que en parejas o grupos pequeños, primero, completen los textos y que, después, redacten nuevos para las otras imágenes. Haga finalmente una puesta en común.

2.7., 2.7.1., 2.7.2. y 2.7.3. La secuencia propone una discusión en pirámide. Siga las instrucciones que se describen en las actividades. Si no ha hecho la actividad anterior, puede usar las imágenes para ayudarles con las ideas. Pídales que se fijen en los ejemplos para guiarles en el uso del lenguaje que se pretende practicar.

> La técnica **discusión en pirámide**, también llamada **pirámide** o **bola de nieve**, consiste en proponer a los alumnos una negociación o toma de decisiones variando los agrupamientos: se inicia en parejas o grupos pequeños para después ir ampliando los equipos hasta terminar en grupo con todos los estudiantes.

3 Tarea final

3.1. Con el objeto de introducir la secuencia de actividades que conducen a la tarea final de la unidad, pida a sus alumnos que lean los textos que explican las características de los dos tipos de medicinas, que los completen con las palabras que aparecen en el recuadro y que decidan a qué tipo de medicina se refiere cada uno de ellos. Aproveche para sondear si ellos son más proclives a uno u otro tipo de medicina y así presentar el siguiente punto.

1. Medicina tradicional: **1.** científica; **2.** experimentados; **3.** curación; **4.** medicamentos; 2. Medicina alternativa: **5.** prácticas; **6.** Utiliza; **7.** no; **8.** científicamente.

3.1.1. El objetivo de esta actividad es generar ideas para el debate que se llevará a cabo posteriormente. Divida la clase en dos grupos, uno proclive a la medicina alternativa y otro a la medicina tradicional. Provoque polémica haciendo referencia a la idea que tienen algunas personas de que la medicina alternativa es propia de "charlatanes" que solo buscan hacer negocio. Deje el tiempo suficiente para que los alumnos piensen en los argumentos que utilizarán para defender su postura.

3.1.2. Anime a sus alumnos para que debatan sus ideas y a que piensen si la medicina alternativa es fiable o no. Pídales que tomen nota de lo que consideren más importante para luego recogerlo en un documento.

3.1.3. Actividad de expresión escrita resultado de la tarea. Pida a los estudiantes que escriban un texto argumentativo con las conclusiones extraídas del debate. Si tiene muchos alumnos, puede formar grupos. Dígales que sigan el esquema de texto argumentativo que tienen en su libro.

Unidad 1 Y tú, ¿cómo aprendes?

1.1. 1. pueda; 2. poder; 3. consiga, llegue; 4. empiecen; 5. aprender; 6. se rían; 7. aprender; 8. enseñe, poder; 9. tenga; 10. me examine; 11. es, tiene; 12. practiques; 13. estudio; 14. es; 15. sea, tenga.

1.2. a. 5, 8; b. 4, 14; c. 2; d. 3; e. 6; f. 1; g. 9; h. 7, 12; i. 10, 13; j. 11, 15.

1.3. Respuesta abierta.

1.4. 1. Empecé/comencé; 2. comenzaba/empezaba; 3. tenían; 4. eran; 5. había aprendido; 6. eran; 7. leíamos; 8. traducíamos; 9. escribíamos; 10. me inscribí; 11. estudié; 12. era; 13. se había formado; 14. llegué; 15. seguí; 16. obtuve; 17. he estado; 18. me fui.

1.5. 1. saber (nosotros/as); 2. poner (ellos/ellas/ustedes); 3. venir (yo/él/ella/usted); 4. estar (ellos/ellas/ustedes); 5. tener (vosotros/as); 6. querer (tú); 7. hacer (tú); 8. poder (yo/él/ella/usted); 9. andar (vosotros/as); 10. conducir (yo/él/ella/usted); 11. dar (tú); 12. oír (nosotros/as); 13. dormir (tú); 14. saber (vosotros/as); 15. sentir (yo/él/ella/usted).

1.6. 1. fueras; 2. llorar (yo/él/ella/usted); 3. saber (yo/él/ella/usted); 4. ver (ellos/ellas/ustedes); 5. dijéramos; 6. se fueran; 7. escribierais; 8. anduviera; 9. riéramos; 10. pedir (yo/él/ella/usted); 11. os pusierais; 12. trajeran.

1.7. 1. Me gustaría que mi familia estuviera aquí; 2. Preferiría que la gramática española fuera más fácil; 3. Ojalá supiera la fórmula mágica para aprender el uso de los diferentes pasados. 4. Me gustaría conocer a un chico español para practicar más el idioma; 5. Ojalá pudiera quedarme un poco más en Madrid; 6. Preferiría que la enseñanza de la gramática fuera más intuitiva; 7. Me gustaría ser menos perfeccionista; 8. Ojalá el día tuviera cuarenta y ocho horas; 9. Preferiría estudiar español en Latinoamérica; 10. Me gustaría no tener que estudiar tanto; 11. Ojalá vinieran mis amigos a visitarme el próximo mes.

1.7.1. Respuesta abierta.

1.8. Respuesta abierta.

1.9. 1. d; 2. b; 3. a; 4. g; 5. c; 6. e; 7. f.

1.10. a. no terminaba de sentirme bien, estaba como cortada; b. yo no me sentía nada a gusto, me sentía fatal, ¡Basta ya!; c. Me estoy acordando de una vez que, Menos mal; d. me metían prisa, Trabajaba sin parar.

1.11. 1. F; 2. F; 3. V; 4. V; 5. F; 6. V; 7. F; 8. V; 9. F; 10. F.

1.12. 1, 4, 6.

1.12.1. 1. Seis: inglés, francés, alemán, árabe, italiano y español; 2. La poca práctica y el escaso contacto con nativos; 3. El inglés; 4. El alemán porque sigue usándolo como lengua de comunicación con su marido; 5. Ninguno hasta el momento.

1.12.2. Respuesta abierta.

Etapa 10

Nivel B2.1

Unidad 2 — Y tú, ¿cómo duermes?

2.1. 1. b; **2.** c; **3.** b; **4.** c; **5.** b; **6.** a; **7.** c; **8.** b.

2.2. 1. estoy agotado; **2.** Cría buena fama y échate a dormir; **3.** estuve toda la noche en vela/no pegué ojo en toda la noche/pasé la noche en blanco, duermo del tirón; **4.** se queda frito/se queda sopa/se queda sobado; **5.** tengo un sueño horrible/espantoso; **6.** ha cumplido su sueño; **7.** durmiendo la mona; **8.** echo una cabezada; **9.** duermo como un tronco/lirón; **10.** al que madruga, Dios le ayuda.

2.3. 1. había; **2.** había; **3.** corría; **4.** miraba; **5.** daba; **6.** empezaba; **7.** podía; **8.** estaba; **9.** entraba; **10.** recibía; **11.** estaba; **12.** tenía; **13.** bebía; **14.** brotaba; **15.** Tenía; **16.** confesaba; **17.** miraba.

2.4. Sueño a: Entonces, Inicialmente, de pronto; Sueño b: de pronto, así que, Inicialmente, luego; Sueño c: entonces, de pronto.

2.4.1. 1. b; **2.** c; **3.** a.

2.4.2. Respuesta abierta.

2.5. Expresar sorpresa: ¡Quéee!, Es alucinante; Expresar extrañeza: ¡Anda!, pero ¿qué dices?, ¡Qué raro!, ¡Qué cosa tan rara!, No me lo imaginaba; Mostrar escepticismo: Si tú lo dices, ¡Venga ya!, ¡Ya, claro!

2.6.1. 1. Memoria y creatividad; **2.** Más guapos; **3.** Una estrella de la música; **4.** Ni más ni menos; **5.** Contra la obesidad; **6.** Siesta para el corazón; **7.** Ver las cosas de otro color.

2.6.2. 1. F; **2.** V; **3.** V; **4.** V; **5.** F; **6.** V; **7.** F; **8.** V; **9.** F.

2.7. Por orden, los cuadros c, a, d.

2.7.1. 1. Era española; **2.** El mundo submarino; **3.** Porque, según ella, no pintaba sus sueños, sino su propia realidad; **4.** Al lado de su cama durante su convalecencia; **5.** La mujer trabajadora, fuerte, liberada y decidida.

2.7.2. Respuesta abierta.

Comentario del cuadro:

El tema de esta pintura contiene muchos elementos que se derivan de la antigua mitología mexicana. La incapacidad de Frida de tener niños la empujó a adoptar un papel maternal en lo que respecta a Diego. En el centro de la pintura, como una Madonna, sostiene a su esposo Diego en un abrazo amoroso, que ilustra la relación combinada de hombres y mujeres. Aunque la mujer es la figura que alimenta la vida, el hombre tiene el tercer ojo de la sabiduría en su frente, por lo que dependen el uno del otro.

Abrazando a la pareja humana está la madre tierra azteca, Cituacoatl, hecha de barro y piedra. La figura que está en la parte más externa, la Madre Universal, abraza a Cituacoatl. En la parte frontal el perro Itzcuintli Señor Xolotl es más que simplemente una de las mascotas de la artista: representa a Xolotl, un ser que tiene la forma de un perro y protege la entrada del Más Allá. En esta pintura, Frida presenta la vida, muerte, noche, día, luna, sol, hombre y mujer, todos en una dicotomía recurrente que está profundamente ligada y se mantiene unida gracias a dos poderosos seres mitológicos.

En http://www.fridakahlofans.com/c0580.html

Unidad 3 — Y tú, ¿cómo te diviertes?

3.1. 1. máscara; 2. peluca; 3. fuegos artificiales; 4. petardo; 5. tienda de campaña; 6. montaña rusa; 7. estirar; 8. hacer bricolaje; 9. coser; 10. hacer punto.

3.1.1. 1. d; 2. h; 3. j; 4. c; 5. g; 6. e; 7. a; 8. f; 9. b; 10. i.

3.1.2. 1. fuegos artificiales; 2. petardos; 3. traca; 4. calentar; 5. estirar; 6. máscaras; 7. montaña rusa; 8. vértigo; 9. hacer bricolaje; 10. peluca; 11. hacer punto; 12. adrenalina; 13. barajan.

3.2. 1. b; 2. c; 3. a; 4. a.

3.3. 1. d; 2. a; 3. g; 4. b/f; 5. c; 6. e; 7. b/f.

3.3.1. 1. Preguntar por los planes de otras personas: 1, 5; 2. Proponer planes: 2, 3, 6; 3. Aceptar los planes con condiciones: 4, 7.

3.4. 1. vamos/fuéramos, veamos; 2. salgamos; 3. quedamos/quedáramos, vayamos; 4. hacer; 5. cenáramos.

3.5. 1. tuviera; 2. diera, estuviera; 3. haya parecido/parezca; 4. fuera; 5. supiera/sepa.

3.6. 1. con; 2. por; 3. con; 4. del; 5. al.

3.7. 1. a; 2. b; 3. a; 4. c; 5. b.

3.8. 1. prefieras; 2. dice; 3. lleva; 4. quiero; 5. ronque; 6. está.

3.9. 1. d, ciclismo; 2. f, revistas; 3. c, excursiones; 4. a, días laborables; 5. e, natación; 6. b, navegar por Internet.

3.10. 1. b; 2. b; 3. a; 4. a; 5. c; 6. c; 7. b; 8. c.

3.11. 1. por; 2. verdadero; 3. a condición de que; 4. b; 5. sí; 6. perilla; 7. elegiría, odiara; 8. falso; 9. b; 10. peluca; 11. subjuntivo; 12. Mario Vargas Llosa; 13. a. presente de subjuntivo, b. pretérito imperfecto de subjuntivo; 14. impresión; 15. hablador; 16. patillas; 17. 1936; 18. incorrecto; 19. presente de subjuntivo; 21. pelo rizado; 22. cualquier frase que comience por *con el/la/lo…*; 23. ocio bullicioso; 24. distante, persistente, temperamental.

Unidad 4 — Y tú, ¿cómo vives?

4.1. 1. f; 2. j; 3. n; 4. a; 5. p; 6. i; 7. l; 8. o; 9. m; 10. b; 11. g; 12. c; 13. e; 14. h; 15. d; 16. k; 17. ñ.

4.2. 1. músculo; 2. articulación, 3. arteria; 4. hígado; 5. pulmón; 6. intestino; 7. riñón; 8. cerebro.

4.2.1. 1. MUSCULARES; 2. ARTICULATORIOS; 3. CIRCULATORIOS; 4. HEPÁTICOS; 5. PULMONARES; 6. INTESTINALES; 7. RENALES; 8. CEREBRALES.

4.3. 1. b; 2. a; 3. c; 4. b.

4.4. 2, 4, 3, 5, 1, 6.

4.5. 1. estoy que me caigo; 2. Estoy seco/a; 3. estoy congelado/a; 4. estoy mejor que nunca; 5. estoy hecho/a polvo.

Etapa 10

4.6. **1.** g; **2.** h; **3.** j; **4.** a; **5.** l; **6.** b; **7.** k; **8.** d; **9.** e; **10.** c; **11.** i; **12.** f.

4.7. **1.** adelgazar; **2.** picores; **3.** cefalea; **4.** anorexia; **5.** cólico; **6.** úlcera.

4.8. 1, 3, 4.

4.9. **1.** ha tomado; **2.** obsesionaban; **3.** coma, come; **4.** toma; **5.** me gusten, me sientan; **6.** sea, me molesta.

4.10. **1.** miga de pan; **2.** sin conservantes ni colorantes; **3.** perjudiciales; **4.** alto contenido en grasa; **5.** calorías; **6.** aporte de fibra; **7.** acalórico; **8.** saciarme; **9.** nutriente.

4.11. **1.** d, sardinas; **2.** f, semillas; **3.** i, guarnición; **4.** a, albóndigas; **5.** j, salmón ahumado; **6.** k, bechamel; **7.** h, macedonia; **8.** b, crudo; **9.** e, picatostes; **10.** c, clara; **11.** g, miel; **12.** l, puré.

4.12. **A.** 1, 2, 4, 7; **B.** 3, 5, 6.

4.13. **1.** Como sigas comiendo así, padecerás obesidad mórbida en breve; **2.** Para la diabetes lo mejor sería que caminaras dos o tres horas al día a paso firme; **3.** Te aviso que tu cuerpo necesita gran cantidad de calcio en la infancia y en la vejez; **4.** Le advierto que si no deja de fumar, podrá padecer cáncer de garganta; **5.** Tenga en cuenta que para la úlcera las comidas fuertes no son nada buenas; **6.** Para prevenir enfermedades cardio-vasculares, lo aconsejable sería que hiciéramos ejercicio, que comiéramos de forma saludable y que controláramos nuestras emociones; **7.** ¡Ojo con los aceites vegetales, que no son todos buenos! **8.** Presta atención a tu cuerpo y ante los primeros síntomas de estrés (cansancio crónico, tristeza, irritación, falta de sueño) ve inmediatamente al médico.

UNIDAD 1. Y tú, ¿cómo aprendes?

[1] He aprendido siete idiomas. Aparte de japonés, que es mi lengua materna, inglés, español, francés, tai, portugués, árabe e italiano, pero solo puedo utilizar el japonés, el inglés y el español para comunicar, porque ya he dejado de estudiar los otros.

Aprendí inglés en la escuela porque era obligatorio, pero siempre he tenido muchas ganas de aprender otros idiomas porque me atraían las otras culturas. Como segunda lengua elegí el español, ya que me gusta cómo suena y además me interesa la cultura antigua de Hispanoamérica. Como en la universidad tenía la oportunidad de aprender más idiomas, también elegí el francés, que siempre me ha parecido tan atractivo... y luego portugués porque me enamoré del idioma y del país después de viajar allí. Me interesan mucho las lenguas que tienen un alfabeto distinto, por eso decidí aprender árabe y tai (además tenía planes de viajar a Tailandia). Después de graduarme en la universidad, empecé a aprender italiano por mi cuenta porque es el idioma que más me gusta oír, y también porque tenía amigos italianos con los que podía usarlo.

Creo que aprender lenguas es bueno, no solo por aprender la lengua, sino también la cultura o la historia del país. Mi opinión es que sería difícil aprender de verdad un idioma si no se tiene ningún interés por ese país, o sea, si no se está motivado. A mí me gustaría poder vivir una temporada en todos esos lugares; me gustaría que en la escuela, en el instituto y en la universidad se motivara más a los alumnos para tener interés por otras culturas y, por tanto, por otras lenguas. También me gustaría que la gente tuviera más ganas de aprender y diera más importancia a otras lenguas, no solo al inglés, aunque creo que esto está cambiando.

[2] Hola soy Helga, de Múnich... Pasé un año en Buenos Aires y os voy a contar algo que me cansaba mucho cuando hablaba con mis amigos argentinos... No sé, tenía la sensación de que les ponía nerviosos porque se pasaban todo el rato diciendo cosas como *claro, che, buenísimo, ¿y?, sí, sí...* cuando yo hablaba; y yo sentía que les aburría y que querían que acabara pronto de hablar, así que me hacían sentir muy mal.

Hola, soy Peeter, holandés... Yo antes viajaba mucho a México y ¡uf!, me estoy acordando de una vez en que un compañero de la oficina de Guadalajara me invitó a cenar. Yo estaba encantado porque no conocía a nadie allí... Llevé un ramo de flores y cuando Diego me abrió, noté que se ponía colorado, no sé, raro, estaba como cortado... La cena no fue muy relajada, notaba que estaba nervioso y solo un tiempo después comprendí qué había pasado: ¡aún pienso qué comentarían de mí en la oficina!

Me llamo Breeda y vengo de Irlanda. Quiero contaros lo que me pasó en Burgos, una ciudad española del norte. Allí vivía Merche, con quien hice un intercambio un verano. Cuando llegué a su casa, su madre, muy amable, se pasaba todo el tiempo ofreciéndome comida: allí se come mucha carne, morcilla, chorizo... A mí me daba vergüenza decir que no quería más porque la señora insistía constantemente y me ofrecía cosas de comer continuamente, así que yo comía demasiado (¡*Basta ya!*, pensaba, pero claro, no podía decir que no)... Ay, ¡lo pasé fatal!... Hasta que al tercer día me levanté vomitando. Entonces tuve que explicarle a la mujer que la comida era muy fuerte para mí, y no sé, nunca he podido entender qué pasó pues ya nunca fue tan agradable como al principio, diría que estaba como enfadada, y más seca como dicen por allí, pero, ¿por qué?, me pregunto.

Hola, soy Akira, japonés... Mirad, yo estuve viviendo un año en Sevilla haciendo un curso de español... Al principio fue un poco duro, y es que allí todo el mundo se pasaba el día diciendo ¡*Venga!, ¡Vamos!, ¡Anda, vente!, ¡Dime!*... Uy, no me encontraba nada a gusto, siempre tenía la sensación de que me estaban metiendo prisa o que andaban estresados, no sé, era todo muy raro... El caso es que la gente parecía simpática, pero no terminaba de sentirme bien con ellos, hasta que un amigo me explicó un día lo que pasaba: ¡menos mal!, a partir de entonces lo pasé mucho mejor.

Etapa 10

2 UNIDAD 2. Y tú, ¿cómo duermes?

[3]

Poema n.º 1

¿Qué es la vida? Un frenesí.
¿Qué es la vida? Una ilusión,
una sombra, una ficción,
y el mayor bien es pequeño;
que toda la vida es sueño,
y los sueños, sueños son.

Poema n.º 2

Aquí
en esta orilla blanca
del lecho donde duermes
estoy al borde mismo
de tu sueño. Si diera
un paso más, caería
en sus ondas, rompiéndolo
como un cristal. Me sube
el calor de tu sueño
hasta el rostro. Tu hálito
te mide la andadura
del soñar: va despacio.
Un soplo alterno, leve
me entrega ese tesoro
exactamente: el ritmo
de tu vivir soñando...

Poema n.º 3

Si el sueño fuera (como dicen) una
tregua, un puro reposo de la mente,
¿por qué, si te despiertan bruscamente,
sientes que te han robado una fortuna?
¿Por qué es tan triste madrugar? La hora
nos despoja de un don inconcebible,
tan íntimo que solo es traducible
en un sopor que la vigilia dora
de sueños, que bien pueden ser reflejos
truncos de los tesoros de la sombra,
de un orbe intemporal que no se nombra
y que el día deforma en sus espejos.
¿Quién serás esta noche en el oscuro
sueño, del otro lado de su muro?

[4]

Dormir bocabajo

Dormir en esta postura está ligado a personas sociales, a menudo nerviosas, impulsivas y un poco cabezotas. Su impaciencia les lleva en ocasiones a la imprudencia, a no aceptar las críticas y a bloquearse ante situaciones complicadas. El detalle del tobillo cruzando la pierna habla del miedo a aceptar los posibles cambios.

Dormir agarrado a la almohada y encogido

Es una variación de la posición fetal. Aquí la persona se agarra a la almohada en busca de una necesidad de compañía que le proporcione contacto físico, afecto y protección. Son personas que pueden sentirse solas y que están desanimadas interiormente, aunque no lo reconozcan exteriormente.

Dormir en posición fetal

Esta postura la adopta la mayoría de la población. Identifica a personas que tienden a exteriorizar dinamismo, seguridad y confianza, pero que en realidad no son tan seguros como quieren hacer mostrar a los demás. Más bien son sensibles, tímidos y reservados. Su característica es la supervivencia a base de ocultar su vulnerabilidad.

Dormir bocarriba

Las personas que duermen de esta manera tienen un carácter racional, controlador, están seguras de sí mismas y son desconfiadas. Racionalizan los sentimientos propios y ajenos. Tienen dificultad para mostrar sus emociones ante los otros, pues son reservados y exigentes, y además son muy curiosos y buenos observadores.

Dormir con muchas almohadas

No es muy común, pero las personas que adoptan esta postura son inquietas, nerviosas y están en continua búsqueda de apoyo, pues tienen la necesidad de ser protegidas. Nos situamos así en la cama cuando en nuestra vida estamos desequilibrados de alguna manera y nos sentimos perdidos.

Postura del faraón o soldado

Estas personas son disciplinadas, reservadas y se sienten seguras con la norma. Las piernas y los brazos pegados denotan cierre, no quieren que nada exterior entre en ellos. Son perfeccionistas, poco tolerantes con los demás y con cierta tendencia a la rigidez mental.

Dormir de lado con los brazos pegados al cuerpo

Los que adoptan esta postura al dormir suelen ser personas bastante sociables a las que les gusta estar con gente y se integran bien. De buen carácter, les horrorizan las discusiones y huyen en todo momento de los conflictos y las confrontaciones. Son muy confiados y pecan de ingenuos.

Postura de la estrella de mar

Duermen como una estrella de mar quienes se tumban sobre la espalda con los brazos estirados hacia arriba, rodeando la almohada. El que los brazos y piernas estén abiertos nos habla de apertura, de comunicación. Son optimistas, altruistas, amables, generosos y tranquilos. Suelen ver la botella medio llena.

[5] ► Buenas noches... Hoy tenemos con nosotros a dos famosos especialistas en trastornos de sueño del Hospital Vall Relant: el doctor José María Gallardo, director de la división de neurociencia y Eduard Esteban, psicólogo. Van a responder las preguntas de nuestros radioyentes. ¡Bienvenidos!

► Hola, buenas noches.

▷ Buenas noches.

► Empecemos con la primera pregunta del programa: se dice que dormido consumes tanta energía como durante la vigilia, ¿es eso cierto?

► Pues mire usted, por la noche, el cuerpo descansa; pero en ciertas fases, nuestro cerebro sigue casi tan activo como durante la vigilia. Esto sucede porque hay grupos neuronales que disminuyen su producción de ondas durante el sueño, pero otros muchos se mantienen activos y producen impulsos nerviosos, por lo que durante el sueño se mantiene una importante tasa de consumo de glucosa y de oxígeno. ¡Qué cosa tan rara! se dirán ustedes, pero mantener las propiedades funcionales de las neuronas consume un considerable porcentaje de energía metabólica.

► ¡Es extraordinario!... Otra pregunta que nos plantean: ¿mientras duermes puedes sentir frío o dolor?

▷ Te encuentras en lo alto de una montaña. No solo ves el paisaje que te rodea, también sientes el frío, el tacto rugoso de la piedra y aun el viento... ¿Cómo es posible si estás soñando? La realidad es que el cerebro guarda toda la información que aprendemos mientras estamos despiertos. Estas sensaciones son almacenadas en áreas del cerebro todavía desconocidas, pero durante las ensoñaciones podemos recordar sensaciones vividas, tanto físicas como psíquicas.

► ¿Síííííííííí? ¡Cuesta creerlo!

► Sí, sí... Pero no solo la memoria vive del sueño. Las sensaciones de frío o dolor se dan porque el organismo no está inactivo durante el sueño, no está cerrado al exterior, incluso durante el sueño profundo hay microestados en los que se procesa información tanto interna como externa.

► La siguiente pregunta que nos hacen es si es verdad que creces mientras duermes.

► A cierta edad, los niños parecen crecer, literalmente, de un día para otro, ¿cierto? Pues resulta que es verdad... La secreción hormonal (y de todas las sustancias del organismo) tiene un ritmo circadiano, esto quiere decir que su intensidad varía a lo largo del día, no es constante. Entonces, durante la fase 3 del sueño no REM se incrementa enormemente la secreción de la hormona del crecimiento (HGH), así como muchas de las sustancias que estimulan el sistema inmunitario defensivo.

▷ Exacto, y por eso, durante las enfermedades los niños duermen más, lo cual incrementa su sistema inmunitario. De la misma manera, tras las enfermedades, y por dormir más, observamos fehacientemente los 'tirones' del crecimiento, ¿verdad?

► Señores, siento mucho que el tiempo se acabe y tengamos que ir cerrando el espacio, así que pasamos a la última pregunta de la noche: ¿se puede soñar lo que quieres?

▷ ¡Hombre!, lo que sí que podemos es dirigir nuestros sueños, y ¿cómo? Lo primero es preguntarnos cuando estamos conscientes: "¿Estoy despierto o estoy soñando?" Con el tiempo, y después de algunas semanas de este entrenamiento, te podrás hacer esta pregunta en sueños. Al principio dirás que estás despierto, que es la respuesta equivocada, pero otras veces te darás cuenta de que es un sueño, y en ese momento quizá puedas controlar el argumento.

► ¡Qué interesante, doctores! Una pena tener que despedirse, muchísimas gracias por haber estado con nosotros.

▷ Gracias, muchas gracias.

► Gracias a ustedes.

[6] Joan Miró, nacido en Barcelona en 1893, es el máximo representante del surrealismo abstracto, aunque este fue solamente una fase dentro de su producción. Sus imágenes son simples, con pocos trazos, a la manera de los niños. Rechaza la perspectiva, el modelado, el claroscuro y el acabado minucioso. Traza signos abstractos, simples, que no tratan de expresar una idea, sino que desean bastarse a sí mismos y son extraídos de lo irracional. Sus cuadros están llenos de poesía. Pinta con colores puros y tintas planas.

La obra clave en su evolución es **El carnaval del arlequín** (1924), considerada como el inicio pleno de la etapa surrealista de su obra. Realizada entre los años 1924 y 1925, la ejecutó en un tiempo en que el artista pasaba por momentos difíciles de gran penuria. Según explicó el mismo artista:

"Intenté plasmar las alucinaciones que me producía el hambre que pasaba. No es que pintara lo que veía en sueños, como decían entonces Breton y los suyos, sino que el hambre me provocaba una manera de tránsito parecido al que experimentaban los orientales".

Esta pintura consiguió un gran éxito en la exposición colectiva sobre pintura surrealista de la Galería Pierre a finales de 1925, expuesta junto a obras de Giorgio de Chirico, Paul Klee, Man Ray, Pablo Picasso y Max Ernst.

Descripción del cuadro

Un autómata que toca la guitarra junto con un arlequín con grandes bigotes, son los personajes principales de la composición pictórica, donde se aprecia también todo un mundo de detalles dominados por la imaginación que se esparcen por toda la pintura, como un pájaro con alas azules saliendo de un huevo, un par de gatos jugando con un ovillo de lana, peces volando, un insecto que sale de un dado, una escalera con una gran oreja, y en la parte superior derecha se ve, a través de una ventana, una forma cónica con la que quiso representar la torre Eiffel. Compuso Miró un pequeño texto poético en 1938 sobre este cuadro:

"En la madeja de hilo deshecha por los gatos vestidos de arlequines ahumados retorciéndose y apuñalando mis entrañas...".

Actualmente se encuentra en la colección de Allbright-Knox Art Gallery en Buffalo (Estados Unidos).

3 UNIDAD 3. Y tú, ¿cómo te diviertes?

[7] 1.

► ¿Qué tienes pensado para este puente?

► Pues la verdad, había pensado quedarme en casa y aprovechar para hacer cosas pendientes...

2.

► ¿Y si fuéramos esta tarde al cine?

► Bueno, pero había pensado en que quedáramos con Luisa, que hace mucho que no la vemos...

► Vale, pero habría que llamarla primero...

3.

► ¿Tienes en mente algo para el fin de semana?
► No, ¿por qué? ¿Qué tienes previsto?
► Supongo que no te apetecerá, pero... ¿y si aprovecháramos para ver cortinas para la casa?
► ¡Vaya planazo!

4.

► ¿Os apetece que vayamos a la fiesta del *Pon de Beber*?
► Es que siempre vamos al Pon. ¿Y si hacemos algo diferente?

► ¿Cómo qué?
► Estoy pensando en que podíamos salir al campo y hacer alguna ruta.

5.

► ¿Te apetecería que celebráramos mi cumple en casa? Podríamos hacer una pequeña fiesta.
► Vale, pero siempre que no estés pensando en invitar a mucha gente.

4 Unidad 4. Y tú, ¿cómo vives?

[8] 1. ¡Qué cansado estoy! ¡Estoy agotado!
2. ¡Qué daño! ¡Cómo me duele!
3. ¡Qué mal me sienta comer! ¡No tengo ni pizca de hambre!
4. ¡Me encuentro deprimido! ¡Qué angustia siento!
5. No me encuentro nada bien, ¡qué mareada estoy!
6. ¡Estoy hambriento! ¡Me muero de hambre!
7. ¡Estoy helada!
8. ¡No puedo más! ¡Me agotan estos entrenamientos!

[9] Según la Organización Mundial de la Salud el tabaquismo provoca cada año 1,2 millones de muertes en Europa. Es la principal causa del 95 por ciento del cáncer de pulmón, del 90 por ciento de las bronquitis y de más del 50 por ciento de las enfermedades cardiovasculares.

Según datos del Instituto Nacional de Estadística, en España hay unos 11 millones de fumadores. La Sociedad Española de Neumología y Cirugía Torácica estima que con la reforma de la ley del tabaco más de la mitad ha manifestado en algún momento que tiene intenciones de dejarlo. Ponerse en manos especializadas es el primer paso. Entre los que lo intentan solos, las tasas de éxito son bajas, entre un 3 y un 5 por ciento.

Los especialistas afirman que solo se puede considerar a alguien ex fumador cuando lleva un año sin probar un cigarrillo. Durante ese tiempo se suceden los síntomas físicos y psicológicos del síndrome de abstinencia que sufre un cuerpo que pide nicotina. Se pueden sentir mareos, ansiedad, depresión, irritabilidad, trastornos del sueño, dificultades para concentrarse, dolores de cabeza, cansancio, aumento del apetito, estreñimiento y tos. Como en todo síndrome de abstinencia, se pasa por etapas distintas.

El primer paso para superar la adicción es reconocerse como adicto. Los expertos creen que aun hoy la sociedad considera el tabaquismo como un hábito, mientras que la ciencia ha demostrado que la dependencia y el síndrome de abstinencia que genera se rigen por mecanismos similares a los de otras adicciones. Con el tabaco, los circuitos relacionados con el placer se ven alterados. Su consumo incide directamente en los niveles de neurotransmisores como la dopamina y la serotonina.

Las dosis de estas sustancias que hay en cada cigarrillo hacen que 30 minutos después de fumar bajen sus niveles. Mauricio Orozco-Levi, jefe de neumología del hospital del Mar de Barcelona, recuerda que a ese ritmo –quitando las horas de sueño– el cuerpo pide tabaco unas 20 veces al día. Es decir, la cantidad de cigarrillos que contiene una cajetilla.

Etapa 10

[10]

1. ► ¿Como no te estés quieto, terminaré cortándote una oreja. Deja la maquinita ya.
    ► Espera, espera, que solo queda un minuto.

2. ► Al conducir tenga cuidado con los baches... no vaya a pinchar otra vez.
    ► Ay, muchas gracias, soy un desastre.

3. ► No te fíes de todo lo que leas en Internet, el otro día encontré un poema de Pedro Salinas que se lo atribuían a Cernuda.
    ► Qué fuerte, ¿no?

4. ► Que sea la última vez que me hablas así delante de la gente.
    ► Perdona, pero me parece que estás exagerando un poco, ¿no crees?

5. ► Te recuerdo que aquí no se puede traer comida ni bebida...
    ► Ay, se me había olvidado... Gracias.

6. ► ¡Cuidado! ¿Estás ciego? ¿No has visto el semáforo? ¡Menudo susto me has dado!
    ► Y tú a mí. Pues claro que no lo había visto... ¿O es que te crees que quería suicidarme?

I UNIDAD 1. Y tú, ¿cómo aprendes?

[11] He aprendido muchas lenguas en cincuenta años. Nací en Manchester y he viajado mucho durante toda mi vida por mi trabajo. Conocí a mi primer marido en París y aprendí muy fácilmente el idioma porque viví allí tres años. Pienso que tengo un nivel medio. Después me destinaron a Arabia Saudí durante otros cuatro años y tuve que aprender árabe, aunque esta vez no llegué a dominar el idioma porque no me relacionaba demasiado con las personas de aquel país, ya que vivía en una urbanización cerrada rodeada de seguridad y de europeos con los que me comunicaba en inglés.

Ir a Alemania me cambió la vida. En Múnich, conocí a mi compañero actual y estudié alemán con el mejor profesor del mundo: mi esposo, así que soy casi bilingüe porque seguimos comunicándonos en alemán.

Al cabo de cuatro años me dieron un nuevo destino: Roma. ¡Qué maravilla de ciudad! Como los italianos son muy abiertos y agradables fue fácil aprender italiano y disfrutar de la vida en un país mediterráneo. Ahora estudio español en el Instituto Cervantes de Roma porque me gustaría poder jubilarme algún día en Nerja, un pueblo costero que está en Málaga. ¡Ah! y en mayo me examino del nivel B2 de italiano, yo creo que conseguiré el certificado.

2 UNIDAD 2. Y tú, ¿cómo duermes?

[12] ► Dicen de usted que es una de las mayores expertas en pintura surrealista realizada por mujeres. Así es que, ¿nos haría el favor de explicarnos estos tres cuadros?

► Bueno, bueno, no es para tanto. Pero, por supuesto voy a intentar explicarles… Pues mire, este primer cuadro lo pintó Maruja Mallo, una pintora surrealista española. En este cuadro está representado el mundo submarino, una estrella de mar se sostiene en una especie de caracola. De la estrella de mar nacen dos flores, dos rosas, idénticas y simétricas.
Los motivos marinos, las flores y plantas extrañas, le sirven a la artista para jugar con las simetrías, con lo lineal, lo curvo, hasta convertir la naturaleza en un retrato que, al ser simétrico, tiene tintes oníricos.

► Una pintura preciosa. Y…, el segundo cuadro, ¿también es de Maruja Mallo?

► No, no. Esta obra es de Frida Kahlo. Una pintora mexicana, aunque es considerada una artista surrealista, ella sin embargo declaró una vez que todos creían que era surrealista, pero que no lo era porque nunca había pintado sus sueños, sino su propia realidad. En todo caso, es una gran pintora. En este cuadro llamado Naturaleza Viva, el cielo está dividido entre día y noche y ambos, sol y luna, están presentes. Las frutas son las que normalmente la artista tenía al lado de la cama durante su convalecencia, aquí unidas por las raíces formando las palabras: *Naturaleza Viva*. La paloma de la paz es un elemento político, presente en algunos de sus cuadros.

► Muy interesante, y ¿el cuadro tres?

► Pues bien, esta es otra obra de Maruja Mallo. En ella vemos a una mujer con una cabra, que camina hacia delante con gesto decidido. A la izquierda otra mujer saluda desde una ventana, a la derecha un paisaje marítimo. La figura femenina ocupa el centro del cuadro, formando una composición triangular. Esta mujer representa a la mujer trabajadora, fuerte, liberada y decidida, mientras que la otra mujer asomada a la ventana, entre un reloj y una cortina, representa a la mujer tradicional. Es a través del espacio pictórico donde estos conceptos quedan representados.

► Precioso el cuadro y su simbolismo. Muchísimas gracias por su ayuda.

► De nada, ha sido un placer.

Etapa 10

3 UNIDAD 3. Y tú, ¿cómo te diviertes?

[13] ► Hola, buenos días, estamos con Marta Cisneros, una especialista en la vida y obra del magnífico escritor Mario Vargas Llosa. Muchas gracias por estar con nosotros.
► Un placer.
► ¿Cuándo empezaste a estudiar la obra de Vargas Llosa?
► ¡Uf!, ya ni me acuerdo, hace muchísimo tiempo.
► Bien, pues vamos a ayudar al gran público a conocer un poquito más a uno de los Premios Nobel que escribe en lengua española.
► Sí, es el último premio que ha recibido hasta el momento pero también tiene otros prestigiosísimos en las letras españolas: el Premio Príncipe de Asturias que recibió en el ochenta y seis y el Cervantes en mil novecientos noventa y cuatro.
► ¿Cuántos años tenía cuando recibió el Nobel?
► Bueno, pues si mis matemáticas no fallan, nació en mil novecientos treinta y seis y se lo dieron en el dos mil diez, así que setenta y cuatro años.
► Nació en Perú, pero también tiene la nacionalidad española, ¿no?
► Sí, la consiguió en mil novecientos noventa y tres.
► Cuéntanos algo de su carrera política.
► Fue breve, en mil novecientos noventa fue candidato a la presidencia de Perú por la coalición política de centro derecha Frente Democrático.
► Bien, y ahora hablemos un poquito de su obra.
► Vargas Llosa es un escritor muy prolífico. Su primer libro publicado fue una colección de cuentos titulada *Los jefes* y dentro de su vasta obra destacan libros como *La ciudad y los perros*, *Conversación en la catedral*, *Pantaleón y las visitadoras*, *La fiesta del Chivo*... Por cierto, este último fue llevado a la gran pantalla por un primo suyo.
► Seguramente Vargas Llosa es uno de los escritores preferidos de muchos novelistas, pero, ¿a quién admira él?
► Le encanta *Cien años de soledad* de García Márquez y *Tirant lo Blanc* de Joan Martorell, ambas como ideales de novela total y entre sus autores favoritos hay que mencionar a Flaubert y Faulkner.
► Y para terminar, ¿qué libro de él nos recomiendas?
► Bueno, para mí todos sus libros son estupendos pero, ¿por qué no el último que ha publicado?, *El sueño del celta*.
► Muchísimas gracias.
► A vosotros.

4 UNIDAD 4. Y tú, ¿cómo vives?

[14] ► ¿Qué te pasa?
► Nada que me han dado una noticia que no me esperaba y estoy hecho polvo.

► Vamos a comer algo porque desde las 7 de la mañana no he tomado nada y me muero de hambre.

► ¿Cómo puedes dormir en esta habitación con la calefacción puesta y el edredón de plumas? ¿No estás achicharrada?

► He ido al médico y me ha dicho que no me preocupe, que estoy como una rosa.

► Estoy para el arrastre, llevo dos días sin parar: trabajo, hijos, casa... ¡Tengo unas ganas de tener vacaciones y poder descansar un poquito!

► Me voy a tomar un café bien caliente para ver si entro en calor, ¡estoy congelada!

Etapa 10

Tareas

Fichas y transparencias

¿A qué personaje me parezco?

Menos de 10 puntos.

Tu personalidad se parece mucho a la de **Lisa Simpson**. Eres una persona culta e inteligente, pero a veces un poco vanidosa. Te gusta la música y te emocionas fácilmente con ella, sin embargo la actividad física y tú no sois grandes aliados. No te sueles enfadar con frecuencia y puede que hagas colaboraciones con fines sociales.

De 10 a 18 puntos.

Eres como **Garfield**. Tu pensamiento siempre está ocupado por las dos actividades más importantes para ti: comer y dormir. Eres un poco cómodo y superficial. Te gusta disfrutar de los placeres de la vida, por eso nunca cuentas las calorías de la comida que ingieres, las dietas no son lo tuyo y mucho menos gastar energía con el deporte o el trabajo.

De 19 a 27 puntos.

Eres como **Bob Esponja**, bondadoso y servicial. Eres optimista y nunca ves las consecuencias negativas que puedan tener tus actos, por eso a menudo te metes en líos de los que te es difícil salir. Gran amigo de tus amigos te gusta cocinar para ellos. Eres el amigo que a todo el mundo le gustaría tener. Te sientes a gusto cuando estás en la naturaleza, sobre todo si es cerca del mar.

De 28 a 36 puntos.

Te pareces bastante a **Pedro Picapiedra**. Aunque a veces eres un poco brusco diciendo las cosas, en el fondo eres una persona tierna. Para ti la familia tiene gran importancia, pero no pierdes la ocasión de tomar una cañita con tus amigos. En ocasiones, el trabajo te da alergia y más específicamente, tu jefe. Te gustaría ser más emprendedor y tener tu propio negocio.

Más de 37 puntos.

Eres como **Snoopy**, soñador y juerguista. No dejas pasar de largo ninguna ocasión para divertirte de la manera que sea, probablemente habrás pasado más de una noche sin ir a dormir a casa. Te gusta todo: el deporte, las fiestas, las atracciones, incluso la lectura. Eres muy divertido, cualidad que aprecian mucho tus amigos. A pesar de todo, una de las cosas que más valoras es la preparación profesional.

¿Quién da más por el subjuntivo?

A. Dividid la clase en tres grupos y decidid si estas frases son correctas o incorrectas y por qué.

1. ¿Puedes dejar de hacer ese ruido con los papeles? Me ponen muy nerviosa que no pares.

2. Seguro que cuando vuelvas, todavía estará allí.

3. Han contratado a una persona para que vigila la entrada.

4. Tengo un canario en casa que me despierte por las mañanas cantando.

5. Me sorprende que hayas aprobado matemáticas porque no entiendes nada.

6. Ya te veo… A ti te da igual que vayas a la fiesta en vaqueros.

7. Si le persigue la policía, probablemente haya huido.

8. Me parece vergonzoso que nos hayan tratado como a delincuentes.

9. Deseo que la camarera del bar de la esquina me sonríe cada día al ponerme el café.

10. Creo que le da rabia que yo siempre tenga más suerte que él.

B. Vais a asistir a una subasta donde se venden las frases anteriores. Tenéis 500 € para comprar el mayor número posible de frases. El profesor os dará más indicaciones.

La biografía lingüística de Amy

A dialecto chino que hablo

B hablan español y yo vivo en Florida

C francés y me encantó... ¡La lengua francesa suena tan bien!

D español hace 6 años

E español era la llave para una comunicación más extensa

F el inglés es mi primera lengua

G español de una manera reglada durante cuatro años

UNIDAD I - Ficha 4

Juego del dominó

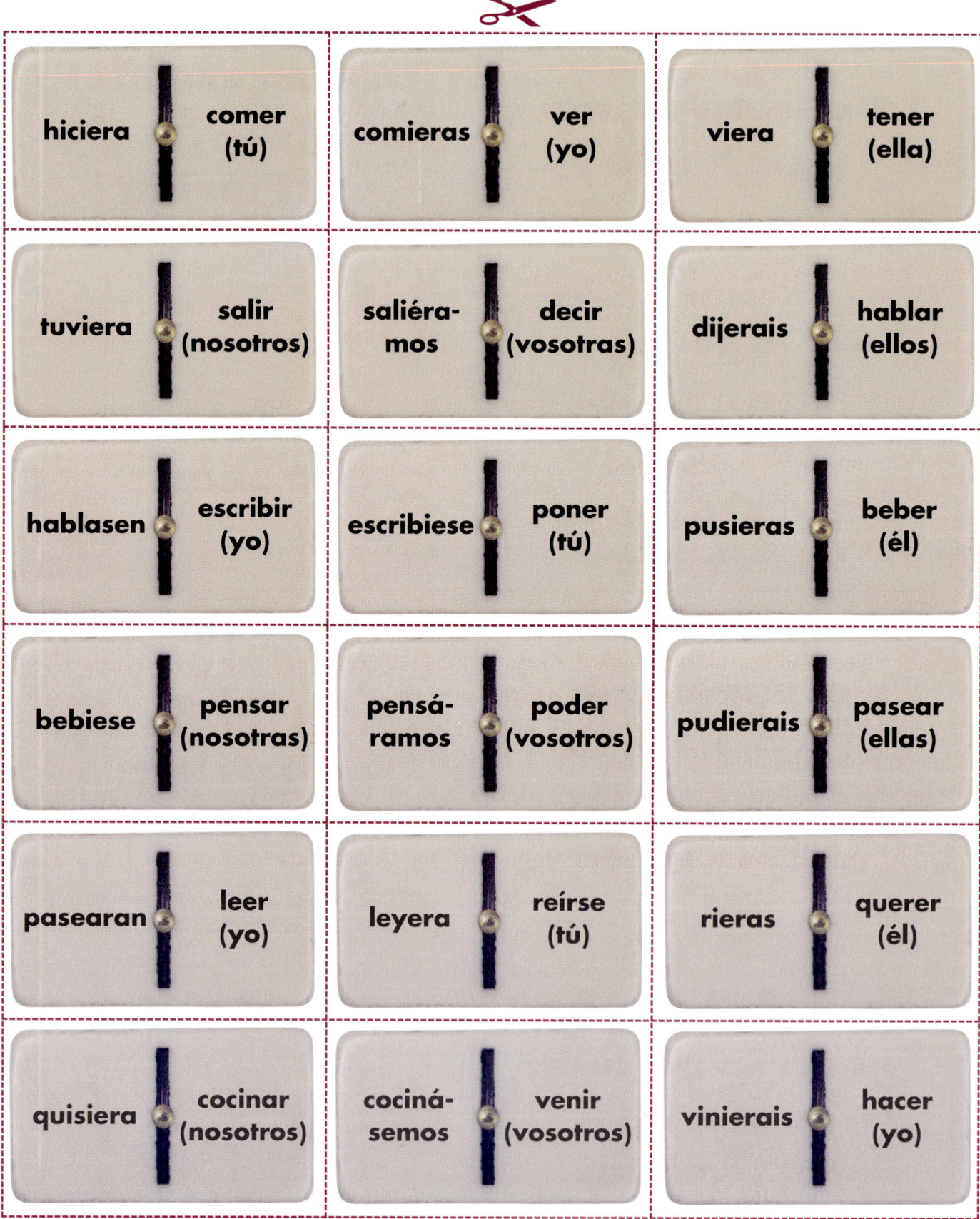

hiciera | comer (tú)	comieras | ver (yo)	viera | tener (ella)
tuviera | salir (nosotros)	saliéramos | decir (vosotras)	dijerais | hablar (ellos)
hablasen | escribir (yo)	escribiese | poner (tú)	pusieras | beber (él)
bebiese | pensar (nosotras)	pensáramos | poder (vosotros)	pudierais | pasear (ellas)
pasearan | leer (yo)	leyera | reírse (tú)	rieras | querer (él)
quisiera | cocinar (nosotros)	cocinásemos | venir (vosotros)	vinierais | hacer (yo)

Texto sobre la competencia intercultural

1 Constatamos el peso importante que representan los valores y las normas de nuestra cultura a la hora de observar y evaluar otra y, en especial, a la hora de actuar en una situación determinada. El resultado es que, frecuentemente, en contextos culturales diferentes del propio, uno no es consciente de que lo que está viendo y descubriendo, sino que lo interpreta en realidad según su propia percepción y "normativa" cultural.

2 A menudo las diferencias culturales no son el problema más importante en la comunicación, sino la poca habilidad por parte de los interlocutores en interpretar la situación como una expresión de un sistema de significados diferente, de una cultura diferente. Esta falta de habilidad, esto es, el no ser consciente de que uno está en una interacción intercultural, implica a menudo que una situación incómoda no pueda reconducirse o que incluso empeore.

3 Muchas de las dificultades de comunicación intercultural se deben a la divergencia de concepción del contexto. Se supone demasiado a menudo que se dispone de una información o que nuestro interlocutor dispone de ella, cuando no es así. La habilidad en contextualizar, comunicarse y justificar los propios actos es básico en encuentros interculturales, a fin de facilitar información desconocida al interlocutor para evitar malentendidos o reconducirlos.

4 En este sentido, los malentendidos no deben verse desde una perspectiva pedagógica como algo negativo, aunque la persona afectada los considere así. Este tipo de experiencias de choque son muy útiles, pues hacen que la gente sea más receptiva en un aprendizaje intercultural, al tratarse de su propia experiencia. En el proceso de adquisición de la competencia intercultural, el choque cultural y las situaciones incómodas son necesarios, ya que forman parte de la nueva experiencia. La reflexión y el análisis de estas situaciones y percepciones en el aula, por tratarse de materiales, de experiencias reales, son fundamentales para ir comprendiendo los aspectos de la propia cultura y los de la nueva.

5 Podríamos comparar este proceso con el de adquisición de una lengua: al igual que se aprende la gramática de una lengua, debe aprenderse también la "gramática de una cultura", las "estructuras" ocultas que influyen y guían el pensamiento y el comportamiento de los miembros de una cultura determinada. Está comprobado que una competencia lingüística alta no permite adquirir automáticamente una competencia sociocultural (la existencia de malentendidos culturales son un claro ejemplo). La competencia intercultural, pues, no se adquiere sola, requiere un aprendizaje. Las habilidades y conocimientos socioculturales deben incluirse desde el inicio del aprendizaje e ir avanzando paulatinamente de forma integrada en el aprendizaje de la lengua extranjera.

Adaptado de: Ángels Oliveras, *Análisis de malentendidos culturales en el aula*, en
http://www.lainsignia.org/2008/enero/cul_018.htm

UNIDAD 2 - Ficha 6

Significado de expresiones coloquiales y refranes

GRUPO A. Relaciona la expresión con su significado.

a. Dormir la borrachera (más coloquial).

b. Refrán que premia el levantarse temprano.

c. Dormirse rápidamente (más coloquial).

d. Dormir un rato.

e. Pasarse la noche sin poder dormir.

f. Conseguir un proyecto que se considera de difícil realización.

GRUPO B. Relaciona la expresión con su significado.

a. Dormir profundamente.

b. *...críala mala y échate a morir*: refrán que significa que el que tiene buena fama, seguirá gozando de ella durante toda la vida y viceversa.

c. Pasarse la noche sin poder dormir.

d. Dormir sin interrupción, todo seguido.

e. Dormirse rápidamente (más coloquial).

f. Tener muchas ganas de dormir.

GRUPO C. Relaciona la expresión con su significado.

a. Dormir profundamente.

b. Estar perezoso/a.

c. Refrán que castiga el no madrugar.

d. Estar toda la noche sin poder dormir.

e. Dormirse rápidamente (más coloquial).

f. Estar muy cansado/a.

Final del texto de Mario Benedetti

En un ciclo posterior de fútbol soñado, siempre jugué de guardameta o golero o portero o *goalkeeper* o arquero. Cuántos nombres para una sola calamidad. Siempre había llovido antes del partido, así que las canchas estaban húmedas y era inevitable que frente a la portería se formara un laguito. **Entonces** aparecía algún delantero que me fusilaba con ganas y en primera instancia yo atajaba, pero en segunda instancia la pelota mojada se escabullía de mis guantes y pasaba muy oronda la línea de gol. A esa altura del partido (nunca mejor dicho), yo anhelaba con fervor despertarme, pero todavía me faltaba escuchar cómo la tribuna a mis espaldas me gritaba unánimemente: *traidor, vendido, cuánto te pagaron* y otras menudencias.

En los últimos tiempos mis aventuras nocturnas han sido invadidas por el cine. No por el cine de ahora, tan venido a menos, sino por el de antes, aquel que nos conmovía y se afincaba en nuestras vidas con rostros y actitudes que eran paradigmas. Yo me dedico a soñar con actrices. Y qué actrices: digamos Marilyn Monroe, Claudia Cardinale, Harriet Anderson, Sonia Braga, Catherine Deneuve, Anouk Aimée, Liv Ullmann, Glenda Jackson y otras maravillas (a los actores, mi Morfeo no les otorga visa). Como ve, doctor, la mayoría son veteranas o ya no están, pero yo las sueño como aparecían en las películas de entonces: verbigracia, cuando le digo Claudia Cardinale, no se trata de la de ahora (que no está mal) sino la de *La ragazza con la valiglia*, cuando tenía 21 años. Marilyn, por ejemplo, se me acerca y me dice en un tono tiernamente confidencial: "I don't love Kennedy. I love you. Only you".

Sepa usted que en mis sueños las actrices hablan a veces en versión subtitulada y otras veces dobladas al castellano. Yo prefiero los subtítulos, **ya que** una voz como la de Glenda Jackson o la de Catherine Deneuve son insustituibles.

Bueno, en realidad vine a consultarle porque anoche soñé con Anouk Aimée, no la de ahora (que tampoco está mal) sino la de *Montparnasse 19*, cuando tenía unos fabulosos 26 años. No piense mal. No la toqué ni me tocó. Simplemente se asomó por una ventana de mi estudio y solo dijo (versión doblada): "Mañana de noche vendré a verte, no lo olvides". Cómo voy a olvidarlo…

En *Buzón de tiempo*

Interpretación de los sueños

TEXTO 1: Soñar con una persecución o una huida

Si sueña con que lo está persiguiendo algo (persona, animal, bestia...) que da miedo, quiere decir que ha llegado la hora de empezar a buscar su destino, pero que no está dispuesto todavía a dejar atrás elementos en su vida que le impiden seguir su camino. Si sueña que lo que lo persigue lo atrapa, quiere decir que le queda mucho trabajo y esfuerzo por delante. Si logra escapar, está casi libre para afrontar un nuevo camino en la vida. Soñar que algo lo persigue también puede significar que se niega a aceptar un punto de vista o una idea. Y si sueña que usted persigue a otro, puede ser que en su vida real no se le dé la autoridad que busca.

TEXTO 2: Soñar con la muerte

La interpretación de un sueño con la muerte depende del contenido emocional. Si se despierta con una terrible sensación de una muerte real, puede ser que haya presentido la muerte de alguien. Esto les ocurre a las personas sensibles. En las personas mayores este sueño les ayuda a prepararse para su propia muerte. Sin embargo, si sueña con la muerte sin sentir miedo o preocupación, representa una liberación de las preocupaciones actuales y significa lo opuesto a morir –una curación o un renacimiento que está a punto de ocurrir en su vida–. Si sueña con la muerte de un ser querido, normalmente, es porque hay un conflicto que resolver con dicha persona.

TEXTO 3: Soñar con una caída

Es uno de los sueños más comunes. Puede significar que tiene miedo de perder el respeto de otros o su estatus social o profesional. Puede representar dificultades financieras, o la pérdida del amor de alguien. Si sueña que se está cayendo, aterriza y de repente se despierta, esto representa una llamada para arreglar asuntos propios en el mundo real. Si aterriza y el sueño sigue, entonces la respuesta a su problema se encuentra en el desenlace del sueño. Si sueña que se cae y no tiene miedo, se interpreta que superará sus problemas con facilidad. Si tiene miedo, se espera una gran lucha y un gran problema en su vida. Puede ser que no haya logrado conseguir un objetivo. Si en su sueño se hace daño al caer, puede ser que se vaya a encontrar con problemas o que vaya a perder una amistad. Si ve a otra persona caerse, tiene un deseo reprimido de que esa persona se haga daño.

Adaptado de: http://www.euroresidentes.com/suenos/suenos_frecuentes.htm

Interpretación de los sueños

TEXTO 4: Soñar con volar

Es símbolo de la libertad, este sueño ofrece buenos presagios. Instintivamente, usted conoce los objetivos en su vida y sabe cómo realizarlos. Sea el amor, un sitio en la vida, la fama o la fortuna, volará por encima de los obstáculos terrestres y encontrará la felicidad. Sueños de vuelo repetitivos indican una gran fortuna. Todas las tradiciones explican este tipo de sueños de la misma forma. Si vuela con forma humana, encontrará la felicidad y el éxito de forma natural. Si es un pájaro en su sueño, tendrá mucha suerte en la vida. Según algunas interpretaciones, este sueño también tiene connotaciones sexuales.

TEXTO 5: Soñar con una casa

La casa en los sueños tiene muchas interpretaciones. Normalmente, la casa en un sueño le representa a usted y las habitaciones, distintos aspectos de su persona. Las puertas representan oportunidades nuevas. Si sueña con su propia casa, goza de una base espiritual muy sólida. Si sueña que se encuentra en una casa nueva y extraña, representa su futuro, lo que debe hacer. El dormitorio tiene un significado obvio, y la cama representa el objeto más común en este tipo de sueño. En general, el ático representa su inteligencia y el sótano su subconsciente. Si la casa está vacía, representa la inseguridad. Si la casa se mueve, indica que usted está experimentando cambios personales. Si sueña que está limpiando su casa, quiere decir que necesita limpiar sus pensamientos y deshacerse de antiguos prejuicios: quiere mejorar.

TEXTO 6: Soñar con perderse, no encontrar el camino

Tiene un significado literal. Usted está perdido en su vida. Echa de menos algo: el amor, el trabajo, la espiritualidad. La escena donde se pierde en su sueño tiene la clave de su salvación. Por otra parte, puede soñar que ha perdido algo importante. El objeto que pierde en el sueño supone la clave del sueño. Puede ser que usted esté preocupado o inseguro ante el camino que ha decidido seguir en su vida. Por otra parte, puede encontrarse en un momento de ajuste, en el que está intentando acostumbrarse a nuevas reglas.

Adaptado de: http://www.euroresidentes.com/suenos/suenos_frecuentes.htm

Interpretación de los sueños

TEXTO 7: Soñar con agua

Aguas tranquilas significan que vienen buenos tiempos y que está en paz con su espíritu. Indica serenidad, rejuvenecimiento y aceptación de uno mismo. Si el agua está revuelta o sucia, se aconseja cautela. Debería reconsiderar sus decisiones y no quedarse atrapado en sus emociones negativas. Es posible que deba encontrar tiempo para clarificar su mente y encontrar la paz interna. Si en su sueño se encuentra inmerso en agua turbia, quiere decir que está desbordado por una situación o por sus emociones. Si sueña que hay una inundación, quiere decir que se enfrenta a luchas y emociones difíciles.

TEXTO 8: Soñar con famosos o con la fama

Soñar con un encuentro con un personaje famoso puede significar que pronto recibirá una oferta interesante. Experimentará cambios positivos en su vida. Hay una posibilidad de que logre cumplir un objetivo personal. Los famosos representan nuestros héroes culturales, y soñar con ellos puede significar que usted se encuentra preparado para unirse a ellos. Si sueña que usted es famoso, quiere decir que sus ambiciones actuales están fuera de su alcance. Si sueña que un amigo o amante se hace famoso, significa que teme perder la amistad y la lealtad de esa persona.

TEXTO 9: Soñar con exámenes

Es un sueño relativamente frecuente en personas que han realizado estudios y se han examinado repetidamente; cuando en la vida debe hacerse frente a algún problema o situación difícil es cuando tiene lugar este sueño que traduce la angustia del momento y el afán de salir airoso de la prueba. La importancia de este sueño es que revela cierta debilidad y falta de confianza en las propias fuerzas, por lo cual, una indagación psicológica realizada cuando este sueño se repita más de una vez nos permitirá identificar el lado débil de nuestra personalidad.

Adaptado de: http://www.euroresidentes.com/suenos/suenos_frecuentes.htm

Interpretación de los sueños

TEXTO 10: Soñar con un bosque

El bosque es una representación de la duda y el caos que vive en nosotros: será muy importante el cómo nos enfrentemos a lo que allí ocurre para conocer nuestra actitud en la vida. Si su paseo por él es plácido, con trino de pájaros y verde follaje, sabrá hacer frente a las dificultades que el destino le ponga. Si por el contrario es un bosque sombrío y tenebroso, se está indicando que no está preparado para afrontar los retos que le presentará el porvenir. Si sabe llegar a su destino a pesar de la situación de pánico, logrará superar los problemas que se le planteen.

TEXTO 11: Soñar con un aeropuerto

Si sueña con un aeropuerto, la interpretación depende de si es un aeropuerto lleno de gente o vacío. Un aeropuerto lleno de gente significa nuevos inicios ambiciosos. Puede ser que algunas ideas hayan estado madurando en su mente y que haya llegado la hora de ponerlas en marcha. Nuevas relaciones, nuevas dimensiones, distintos horizontes, un viaje... Por otra parte, si sueña con un aeropuerto vacío, puede ser que sus planes sufran retrasos. Tal vez tenga que cambiar sus planes de viaje, o tal vez verá que un proyecto propio tenga que ser aplazado.

TEXTO 12: Soñar con un barco

Si subimos o nos preparamos para salir es un buen augurio, éxito en la vida, en el ámbito hogareño o social. Verlo en construcción o cargando significa éxito económico. Verlo navegar en aguas serenas anuncia felicidad, suerte y éxito. Verlo en aguas turbias o con olas, anuncia inquietudes, preocupaciones o angustias. Verlo navegar lento simboliza obstáculos a los que hay que enfrentarse con paciencia y esfuerzo. Si lo ve amarrado o anclado en el mar, significa contratiempos y dificultades. Si se hunde, le invadirá el desamparo, la ruina, la pérdida de dinero y la soledad.

Adaptado de: http://www.euroresidentes.com/suenos/suenos_frecuentes.htm

La madonna de Port Lligat (Salvador Dalí)

A En la obra aparece una virgen o Madonna con el rostro de Gala, la mujer del pintor, con el niño Jesús en su regazo. La Madonna tiene una abertura rectangular en su tronco y delante de este está el niño Jesús, el cual también tiene una abertura en su tórax, donde a su vez hay un trozo de pan. Dalí describe esto como "un tabernáculo en el cuerpo de Jesús que contiene el pan sagrado".

B Los dos personajes están encima de un pedestal y bajo un arco. Los diversos elementos del cuadro aparecen sin tocarse unos con otros, sostenidos en equilibrio como los elementos que constituyen el átomo.

En la parte superior del cuadro se encuentra una concha de la cual cuelga un hilo que sostiene un huevo. Estos objetos son para Dalí símbolos de la vida y lo más parecido a la perfección euclidiana. El arco blanco que se sitúa sobre Gala permanece dividido en cuatro partes y parece estar descuidado y despintado en varias zonas. Junto a la cabeza de la Madonna hay dos bajorrelieves ornamentales que tienen a su vez dos esferas pequeñas flotando. Sobre uno de los arcos está clavado un hilo que sostiene un pedazo de carne cruda.

C Junto a Gala hay dos mesas de madera. Destacan junto a uno de los muebles, un caracol de mar y una cesta con un pan. El pedestal tiene diversos símbolos importantes para Dalí. Sobre este están situados, de izquierda a derecha, un trapo, una flor blanca deshojada y otra floreciente, un pescado, dos judías o frijoles y un cesto. El pedestal tiene una abertura frontal dividida en tres partes. En la parte izquierda hay un rinoceronte dividido en varias partes, en el centro un huevo escoltado por cuatro piezas y a la derecha una especie de busto que sufre una explosión en su cara y flota como si no hubiese gravedad.

D Hay un fondo muy claro con el paisaje flotante donde Gala está representada en diversas posiciones vestida de novia. Al final, como si fuese una escena teatral, Dalí pinta en los extremos superiores dos telones.

Muchas de las imágenes que aparecen en el cuadro han sido pintadas ya numerosas veces por el artista, como Gala, que aparece aquí dos veces pintada con un vestido de novia, la bahía de Port Lligat, el pez, las conchas y el trozo de corcho colgado del clavo. Otras constituyen el inicio de futuras obsesiones, como el rinoceronte con el cuerno roto que considera un símbolo de castidad.

En http://es.wikipedia.org/wiki/La_Madonna_de_Port_Lligat

Diálogos y planes

Diálogo 1

▶ ¿Qué tienes pensado para este puente?

▶ Pues la verdad, había pensado quedarme en casa y aprovechar para hacer cosas pendientes…

Diálogo 2

▶ ¿Y si fuéramos esta tarde al cine?

▶ Bueno, pero… había pensado en que quedáramos con Luisa, que hace mucho que no la vemos…

▶ Vale, pero habría que llamarla, primero…

Diálogo 3

▶ ¿Tienes en mente algo para el fin de semana?

▶ No, ¿por qué? ¿Qué tienes previsto?

▶ Supongo que no te apetecerá, pero… ¿y si aprovecháramos para ver cortinas para la casa?

▶ ¡Vaya planazo!

Diálogo 4

▶ ¿Os apetece que vayamos a la fiesta del *Pon de Beber*?

▶ Es que siempre vamos al Pon. ¿Y si hacemos algo diferente?

▶ ¿Cómo qué?

▶ Estoy pensando en que podíamos salir al campo y hacer alguna ruta.

Diálogo 5

▶ ¿Te apetecería que celebráramos mi cumple en casa? Podríamos hacer una pequeña fiesta.

▶ Vale, pero, siempre que no estés pensando en invitar a mucha gente.

De los años 70 al 2000

De la sesión doble…

El 70% de los 173 cines que había en Madrid en 1975 eran cines de reestrenos en sesión continua. No había ni un solo cine con más de una sala.

…a las multisalas.

Solo 19 de los 73 cines existentes hoy en la capital mantienen la sala única. Algunos complejos llegan a las 25 salas. La sesión continua y el cine de reestreno han desaparecido.

Del sensorround…

El estreno de la película *Terremoto* trajo consigo un nuevo sistema de sonido que, pretendidamente, hacía al espectador sentirse como dentro de la acción.

…a la proyección digital.

Fantasia 2000 se estrenó en los cines Kinépolis (gran complejo cinematógrafo) en un sistema de proyección digital que aumenta la calidad de imagen y sonido y permite proyectar la película en varias salas a la vez.

De *El Gran Musical*…

En un panorama casi desértico, los conciertos dominicales de intérpretes como Pecos o Tequila organizados por el programa radiofónico *El Gran Musical* eran casi fenómenos de masas.

…a los macrofestivales.

La abundancia de conciertos de estrellas internacionales no es un obstáculo para el éxito de macrofestivales de hasta tres días, en diferentes lugares de España: *Festimad, Benicasim, Pirineos Sur…*

De la televisión única…

La Primera o el UHF, los dos únicos canales de TVE, eran la única alternativa para una audiencia que en su mayoría no había accedido a la incipiente televisión en color.

…a las plataformas digitales.

Las dos plataformas digitales, la televisión por cable y otras ofertas permiten a sus abonados elegir, previo pago, entre más de un centenar de canales.

De la cocina casera…

Apenas los primeros restaurantes chinos e italianos se atrevían a desafiar a la omnipresente cocina casera, tradicional, practicada por la mayoría de los restaurantes.

…a la gastronomía multiétnica.

A chinos e italianos se ha añadido restaurantes suecos, sirios, peruanos, hindúes… Las últimas modas: norteamericanos, australianos y japoneses.

De los grandes almacenes…

El Corte Inglés y Galerías Preciados, con edificios de varias plantas en puntos neurálgicos de la ciudad, son los dos grandes monstruos de la actividad comercial. El pequeño comercio no puede competir con su oferta.

…a las grandes superficies.

Junto a los grandes almacenes, aparece una nueva figura: las grandes superficies. Complejos comerciales que completan su atractivo con una variada oferta de ocio y que, por su tamaño, tienden a ubicarse en la periferia.

Compañeros de trabajo

1. La chica de gafas dice que le gusta ir arreglada y bien vestida cuando sale los fines de semana. Sale con su pareja. Suelen ir a cenar a buenos restaurantes, solos o con otras parejas amigas. Les encanta conocer la comida de otros países, sobre todo si es exótica.

4. La chica morena de pelo liso dice que, cuando salen, gastan alrededor de 150 euros. Después de cenar, van a tomar una copa a un sitio tranquilo donde puedan sentarse y charlar. Vuelven a casa sobre las dos de la madrugada.

9. La que lleva un jersey sin mangas dice que algunos fines de semana también van al cine o al teatro.

2. La chica que tiene el pelo rizado dice que los fines de semana se transforma en una persona distinta. Le encanta vestirse con colores llamativos y llevar complementos divertidos. Asegura que tarda más de una hora en elegir vestuario. Normalmente se pone ropa muy ceñida.

10. La de la camisa de rayas pasa toda la noche en una discoteca. Le encantan los gin-tonic y conocer gente nueva. En una noche puede gastarse alrededor de 30 euros.

12. La chica que lleva un vestido negro dice que siempre le gusta ir conjuntada. Incluso se pone collares y pulseras a juego con la ropa y el calzado. Los fines de semana aprovecha para soltarse el pelo y maquillarse con colores más alegres y llamativos.

3. La rubia normalmente queda con dos amigas y salen de tapas y a bares de copas. Le encanta que la inviten a fiestas y conocer a gente interesante. No se pierde ningún concierto de música pop.

11. La del pelo liso recogido dice que una noche puede gastarse hasta 40 euros, pero cuando eso ocurre, el día siguiente lo aprovecha para quedarse en casa y verse todos los capítulos atrasados de sus series favoritas.

5. El que lleva corbata dice que le encanta descuidar su aspecto los fines de semana. Se viste con ropa informal y no se afeita: le encantan los vaqueros (de marca) y las barbas de dos días.

14. El más bajito de todos los chicos sale con su pareja y otros amigos. Salen por la zona de bares de su ciudad donde beben cerveza o vino y piden algo para picar. Gastan unos 30 euros.

7. El moreno que va peinado con el pelo hacia atrás también aprovecha las mañanas de los domingos para visitar alguna exposición.

6. El de la camisa azul que no lleva corbata dice que los viernes cuando llega a casa se cambia, pero que no se pone nada especial, simplemente una camiseta, y se pasa por el bar del barrio donde suele encontrarse con gente conocida.

13. El del pelo corto y un poco de punta nos explica que le encanta el fútbol y que cuando hay partido suele verlo con sus amigos en el bar. A veces salen al centro, pero prefieren quedarse por su zona para no depender del coche ni del transporte público. Vuelven a casa más tarde de las cuatro.

8. El de la camisa de rayas con el pelo muy corto dice que sus fines de semana son muy variados y de ahí no le sacamos.

Mario Vargas Llosa

1 Mario Vargas Llosa (Arequipa, Perú, 1936) no ha necesitado ningún ejercicio de realismo mágico para convertirse, por derecho propio, en uno de los principales escritores en lengua española del siglo XX. Cada uno de sus libros, desde los ya lejanos y experimentales *La ciudad y los perros* o *Los cachorros*, ha supuesto la búsqueda de nuevos horizontes, de nuevas estructuras narrativas y de nuevos personajes.

2 Desde la supuestamente biográfica y desternillante *La tía Julia y el escribidor*, o la también biográfica *Conversación en La Catedral* o la hilarante *Pantaleón y las visitadoras*, Vargas Llosa ha demostrado una y otra vez que es un autor sólido que no tiene que repetirse a sí mismo.

3 Existen, claro, muchas constantes en su obra. Las intrigas políticas de su Perú natal, la exitosa y continuada experimentación narrativa, las complicadas (y, sin embargo, indispensables) estructuras de sus obras indican siempre que el autor, seguro de su dominio de la lengua y los personajes, busca otros horizontes donde dar rienda a sus intereses. Y lo hace divirtiendo, enseñando, maravillando.

4 El tema literario de las dictaduras centroamericanas no se había agotado con clásicos indiscutibles como *Tirano Banderas* o *El otoño del patriarca*, como no se ha agotado por desgracia el tema social que las impulsa. Vargas Llosa, en *La fiesta del Chivo*, usando el recurso de la vuelta al hogar de una funcionaria de las Naciones Unidas, recrea los años sesenta y a la vez la actualidad, la dictadura de Trujillo. Los diversos personajes que se alternan y entrecruzan en la novela, desde el propio y ridiculizado dictador, hasta los capitanes del ejército que le tienden la trampa que lo lleva (los lleva) a la muerte, están mostrados con la habilidad investigadora de un periodista, los trucos narrativos de un Alfred Hitchcock y la sabiduría literaria de un gran maestro.

5 Apasionante, encendida, un docudrama escrito con palabras que son historia ya, casi novela negra a la hispanoamericana, en ocasiones. Y es que muchas veces la historia proporciona mejores argumentos para la narrativa que la deformación consciente que la ficción pura puede proporcionar.

El cuerpo humano

HÍGADO	RIÑÓN
COLUMNA	ARTERIA
TENDÓN	FRENTE
COSTILLA	CEREBRO
ESQUELETO	UÑA
ARTICULACIÓN	PESTAÑA
BARBILLA	MEJILLA
CEJA	INTESTINO
NERVIO	

¿Qué significa esta expresión?

a.

Estoy muy cansado física o anímicamente.

b.

Tengo mucho sueño y/o cansancio.

c.

Tengo mucha hambre.

d.

Tengo muy buena salud.

e.

Me siento fenomenal.

f.

Estoy agotado/a.

g.

Estoy muy cansado/a.

h.

Tengo mucho calor.

i.

Tengo muchísimo frío.

j.

Tengo mucha sed.

¡Bingo!

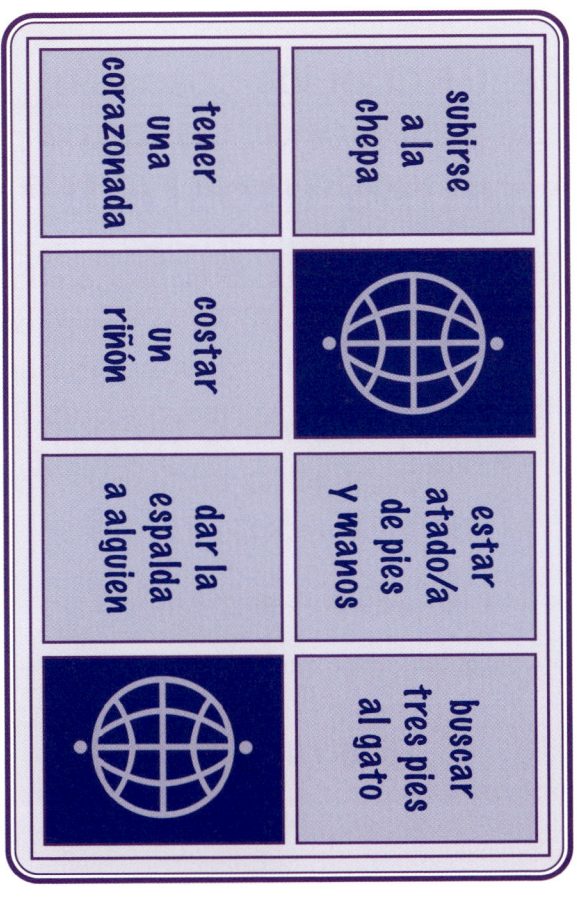

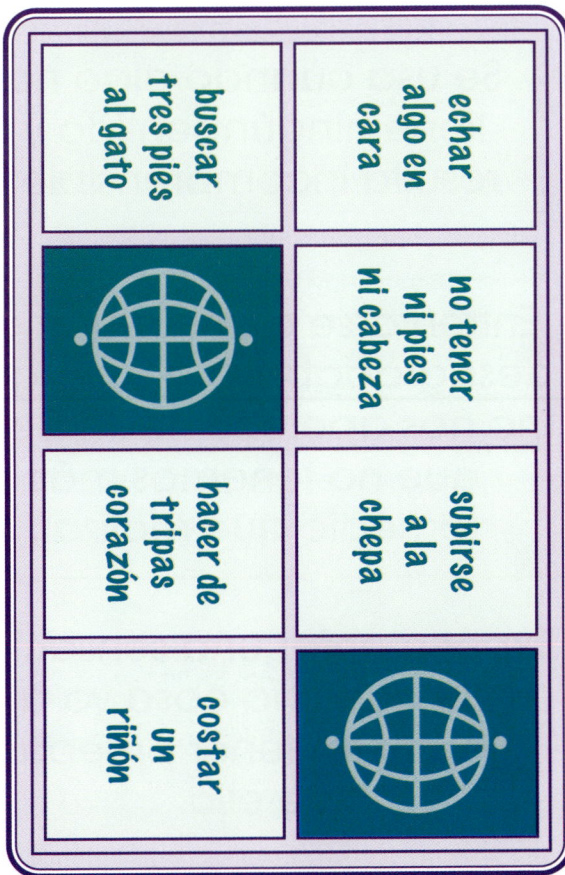

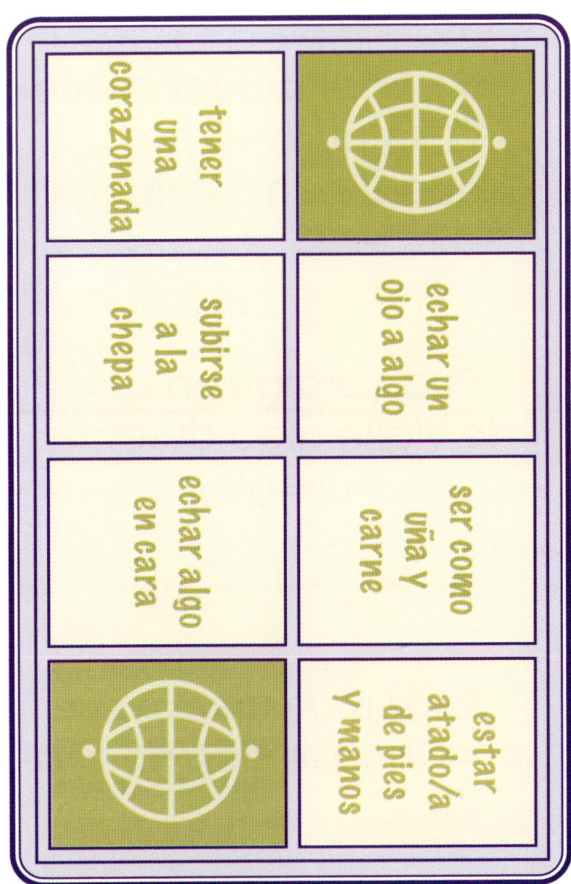

¡Bingo!

Perder el respeto a alguien o tratar con demasiada confianza.	Hacer las cosas sin reflexionar, de forma alocada o ser falto de inteligencia.
Ignorar o dejar de lado a una persona.	Reprochar o culpar de algo a alguien.
Buscar la dificultad en las cosas.	Ser muy caro.
No poder actuar como se quisiera por impedimentos ajenos.	Se usa cuando algo no tiene ningún sentido y resulta incomprensible.
Pedir a alguien que te vigile algo durante un rato.	Enfrentarse a una situación desagradable o a algo que no nos apetece nada pero que no tenemos más remedio que realizar.
Estar muy unidos en una relación.	Experimentar una sensación de que una cosa va a ocurrir sin tener pruebas de ello.

Algunos mitos sobre la alimentación

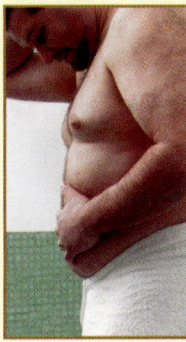

1. ¿Por qué engordamos?

El exceso de peso de una persona sana o enferma solo es una cuestión de desequilibrio. Puedes dibujar una balanza en la que, en un platillo, pongas la ingesta calórica y en el otro el gasto energético. Cuando esta balanza está equilibrada, el peso no varía pero, si ingieres más de lo que gastas, entonces el cuerpo acumula el exceso y empieza a engordar. La ingesta calórica viene directamente de la comida y bebida que tomas. Las **calorías** vienen proporcionadas por los siguientes **nutrientes**: proteínas, hidratos de carbono, grasas.

2. ¿El agua debe tomarse dentro o fuera de las comidas?

El agua ocupa un volumen importante en el estómago y, por tanto, participa en la sensación de saciedad. En caso de buscar un aumento de peso, puedes evitar el agua durante las comidas. En caso de buscar una disminución de peso, incorpórala en tus comidas para **saciarte** antes; sobre todo con los **platos ricos en fibra** (ensaladas, verduras, legumbres…).

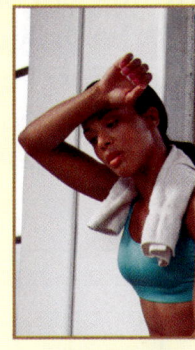

3. ¿Es necesario sudar para adelgazar?

Una de las funciones más destacadas del agua es la de la regulación de la temperatura corporal. Cualquier ejercicio físico, incluso el mantenimiento de las funciones vitales del organismo, genera calor que debe de ser eliminado, aprovechado o trasladado según las circunstancias ambientales. El sudor no sirve para eliminar grasa sino calor y, si hemos perdido peso, este será principalmente agua. En cuanto bebamos agua para rehidratarnos, recuperaremos una buena parte del peso.

4. ¿Cuáles son los alimentos perfectos y los alimentos prohibidos?

Alimento perfecto es aquel que contiene todos los nutrientes esenciales y en las proporciones adecuadas. No hay ningún otro alimento perfecto. Es por ello que la alimentación, es y debe ser, variada. No hay alimentos prohibidos. Los alimentos, a menos que se tenga una intolerancia hacia alguno de ellos, pueden tomarse todos. En una dieta equilibrada caben otros alimentos a parte de los tradicionales o naturales (**sin conservantes o colorantes**), aunque son más recomendables las comidas **bajas en sal** y **en azúcar**.

5. ¿El agua adelgaza?

El agua es un alimento **acalórico** pues sus nutrientes (agua y minerales) no proporcionan energía al organismo. Tampoco elimina energía para adelgazar. La confusión reside en que podemos modificar la ingesta de agua para aumentar la sensación de saciedad en una dieta de adelgazamiento consiguiendo, de esta manera, mejores resultados.

Algunos mitos sobre la alimentación

6. ¿El pan engorda?

El pan, como todos los cereales, es un alimento fundamental en la dieta de las personas Antiguamente los pueblos mediterráneos vivían con pan y poco más. ¿Lo que engorda entonces es la **miga**? El pan sin **hornear** es igual por dentro que por fuera, en cambio el pan cocido está compuesto por la miga interior y la **corteza** exterior, es decir, que los nutrientes son los mismos por dentro que por fuera.

7. La fruta, ¿cuándo tomarla, antes o después de las comidas?

Si se toma antes, produce saciedad por su **aporte de fibra**, evitando una ingesta excesiva posterior, pero comer la fruta como postre evita la ingestión de otro tipo de alimentos (dulces, etc.) que poseen mayor valor calórico y **alto contenido en grasas**. Si tu problema es de exceso de peso, la fruta, como el resto de los alimentos, aporta las mismas calorías independientemente de cuándo la tomes.

8. ¿Los alimentos integrales no engordan?

La fibra no aporta energía, por esa razón, los alimentos que la contienen aportan menos energía a igualdad de peso. Es decir, las galletas integrales contienen menos calorías que las galletas normales. Pero esto nada tiene que ver con no engordar o adelgazar pues eso depende del **balance energético** entre lo que se come y lo que se gasta.

9. ¿Los fritos son perjudiciales para la salud?

Al contrario, al necesitar un tiempo de cocción muy corto, los fritos conservan muy bien los nutrientes de los alimentos naturales. Su mala fama se debe a que no se trata de una técnica adecuada si se quiere perder peso, ya que a las calorías del alimento se suman las del aceite.

10. ¿Comer chocolate provoca la aparición de acné?

Es uno de los mitos más comentados referentes a la piel, pues muchos estudios realizados demuestran que el chocolate, al igual que muchos embutidos, no son los causantes del acné. El problema se encuentra en la grasa que se produce en la piel, algo relacionado con las hormonas, no con los alimentos ingeridos.

11. ¿Los productos 0% grasa son sanos?

Mucha gente consume los productos 0% grasa porque piensa que, mágicamente, perderá peso. El problema es que, al quitar la grasa, gran parte del sabor original de estos productos es eliminado, lo cual obliga a los fabricantes a agregar azúcar y toda clase de productos químicos de origen dudoso. Por eso, los alimentos 0% grasa pueden ser más **perjudiciales** que los comunes.

Alimentos para engordar

Alumno A

1. miel (la)

3. semillas (las)

7. picatostes (los)

8. tropezones (los)

Alumno B

4. clara (la)

6. salmón ahumado (el)

9. puré (el)

11. picadas (os)

14. crudos (as)

Alumno C

2. pescado azul (el)

5. ajo rallado (el)

10. bechamel (la)

12. albóndigas (las)

13. macedonia (la)

Es alarmante que...

A Si tomas café, tu cuerpo debe funcionar más rápido y tu sistema inmunitario se apaga; si bebes alcohol, tu cuerpo debe filtrarlo; si fumas, tu cuerpo debe eliminar las toxinas del humo que inhalas.

B Estas, si las tomas todas las noches, tienen un efecto inhibitorio sobre el sistema respiratorio que pueden agravar problemas existentes.

C Ingerir más de la que necesitas implica que tu cuerpo debe hacer mucho más esfuerzo del necesario para digerir y almacenar la energía de más que has consumido, y este esfuerzo extra pasa factura a tu cuerpo.

D Intenta reducirlos o eliminarlos de tu dieta diaria.

Para los tristemente casi felices,
para los que sueñan, entre los que esperan,
para las madres que luchan por sus (1)_____,
por el futuro, por lo nunca visto,
por lo que seremos, lo que nos (2)_____
entre la hierba, entre el verde estalla
sin previa llamada, casi por sorpresa,
siempre cenicienta, la luz de la (3)_____,
llega, llega, llega, llega, llega, llega, llega, llega...

A través de las persianas, por las cerraduras,
bajo las puertas, entre las ranuras,
sobre las montañas, hasta el fondo del (4)_____,
tus ojos lucen, reflejada solar.
Entre las rejas, las nubes, las fuentes, los cristales,
la ropa que se seca, las hojas de los (5)_____,
las banderas que no paran de luchar,
las caras de los niños cantan.

A través de las botellas, los pasos de la noche anterior,
las verjas, las fronteras, la red del (6)_____,
cruzando la galaxia a gran velocidad,
precisa y clara la llaman solar.
Hasta los armarios, entre las (7)_____,
hasta las esquinas y las cantonadas,
a través del polvo y de las llamadas,
con la misma entrega, vuela, avanza sobre la nieve,
desiertos, ciudades y bosques,
entre las estrellas como una llama,
desde el este llega hasta esta (8)_____,
con la misma fuerza, la luz de la mañana.

Desde el este llega hasta esta cama,
desde el este llega hasta esta cama,
desde el este...

Facto Delafé y Las Flores Azules.

Edi numen

Texto surrealista

El Surrealismo comienza en 1924 en París con la publicación del *Manifiesto Surrealista* de André Breton, quien estimaba que la situación histórica de posguerra exigía un arte nuevo que indagara en lo más profundo del ser humano para comprender al hombre en su totalidad.

Siendo conocedor de Freud, pensó en la posibilidad que ofrecía el psicoanálisis como método de creación artística. Para los surrealistas la obra nace del automatismo puro, es decir, cualquier forma de expresión en la que la mente no ejerza ningún tipo de control. Intentan plasmar por medio de formas abstractas o simbólicas las imágenes de la realidad más profunda del ser humano, el subconsciente y el mundo de los sueños, para lo que utilizan recursos como: animación de lo inanimado, aislamiento de fragmentos anatómicos, elementos incongruentes, metamorfosis, máquinas fantásticas, relaciones entre desnudos y maquinaria, evocación del caos, representación de autómatas, de espasmos y de perspectivas vacías. El pensamiento oculto y prohibido será una fuente de inspiración. En el erotismo descubren realidades oníricas, y el sexo será tratado de forma impúdica.

Se interesaron además por el arte de los pueblos primitivos, el arte de los niños y de los dementes. Preferirán los títulos largos, equívocos, misteriosos, lo que significa que importaba más el asunto que la propia realización.

GRUPO B

Precedentes del Surrealismo

Los pintores se encontraron con precedentes en *Los caprichos* de Goya, en el Bosco y Valdés Leal, aunque los más inmediatos deben buscarse en el movimiento Dadá y en Giorgio de Chirico, creador de la pintura metafísica. Chirico crea un mundo enigmático que es reflejo de la desolación provocada por la guerra, que se percibe inquietante. En *Héctor y Andrómeda*, introduce maniquíes, únicos seres capaces de habitar sus plazas desiertas y calles que se sumergen en el infinito. La pintura de Chirico es el principal antecedente del Surrealismo.

Los artífices del surrealismo

Observamos dos vertientes:

El surrealismo abstracto, donde artistas como Masson, Miró o Klee crean universos figurativos personales a partir del automatismo más puro.

Y Ernst, Tanguy, Magritte o Dalí que se interesan más por la vía onírica, un surrealismo figurativo cuyas obras exhiben un realismo fotográfico, aunque totalmente alejadas de la pintura tradicional.

En www.arteespana.com/surrealismo.htm

El carnaval de Arlequín (Joan Miró)

La madonna de Port Lligat (Salvador Dalí)

Proponer

Personas

Tu pareja (con la que vives).	**Tu pareja (que no vives con ella).**	**Un/a compañero/a de piso con el que convives desde hace tres meses.**
Un/a buen/a amigo/a con el/la que normalmente haces planes.	**Un/a compañero/a de trabajo que has conocido hace poco y que te gusta.**	**Un/a amigo/a que ha venido a visitar la ciudad en la que estás y que se está alojando en tu casa.**

Propuestas

Pasar el fin de semana en casa, en pijama y bata, viendo pelis en el DVD y comiendo palomitas.	**Pasar el día durmiendo y salir de marcha por la noche.**	**Ir al mercadillo de libros/discos que ponen todos los sábados en tu ciudad.**
Ir a ver algún espectáculo (teatro, danza, concierto...).	**Ver la exposición temporal del museo de la ciudad en el que hay que guardar colas bastantes largas.**	**Ir de compras por el centro de la ciudad, comer fuera y continuar con las compras.**

Edi numen

Juego de mesa

El cuerpo humano

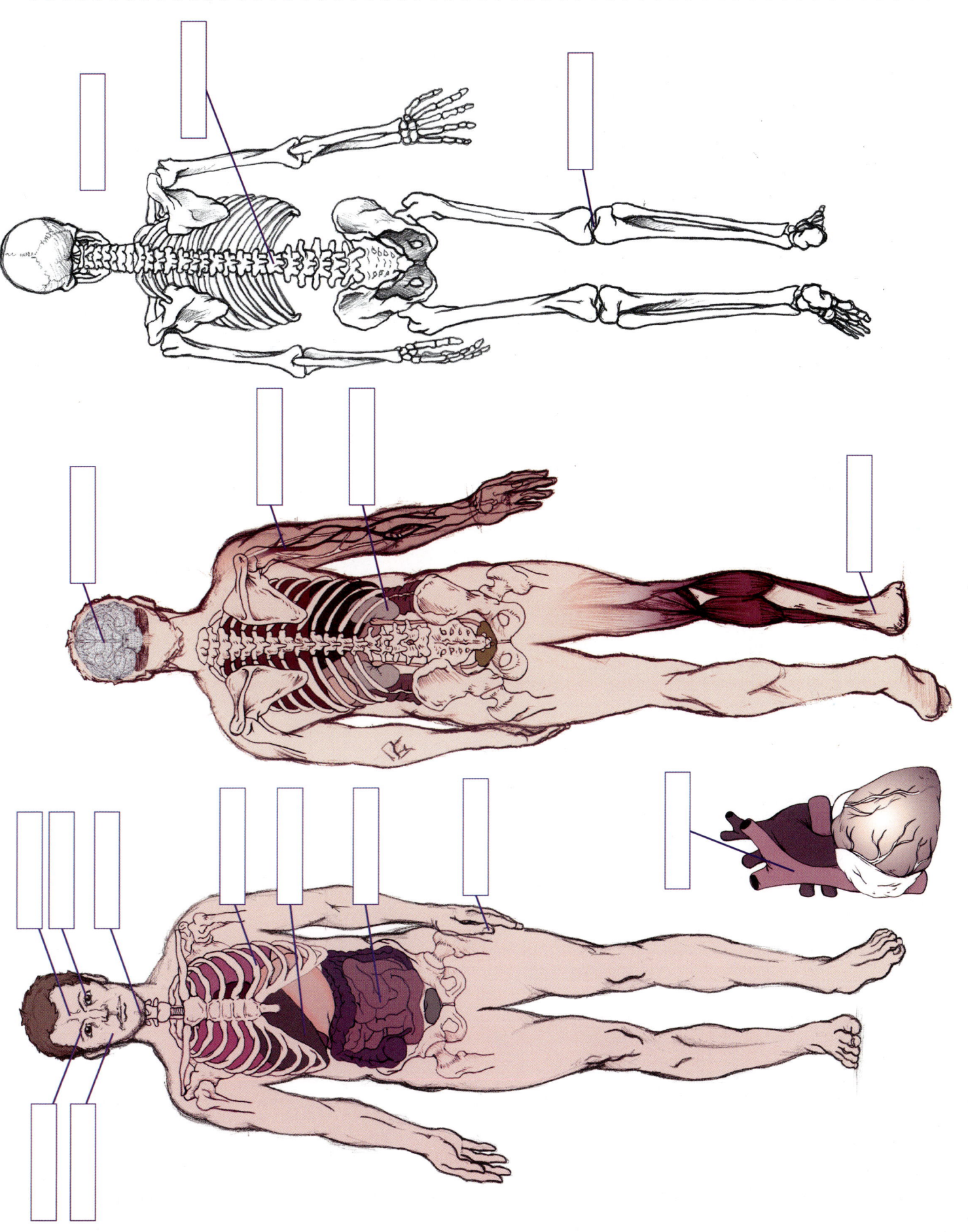